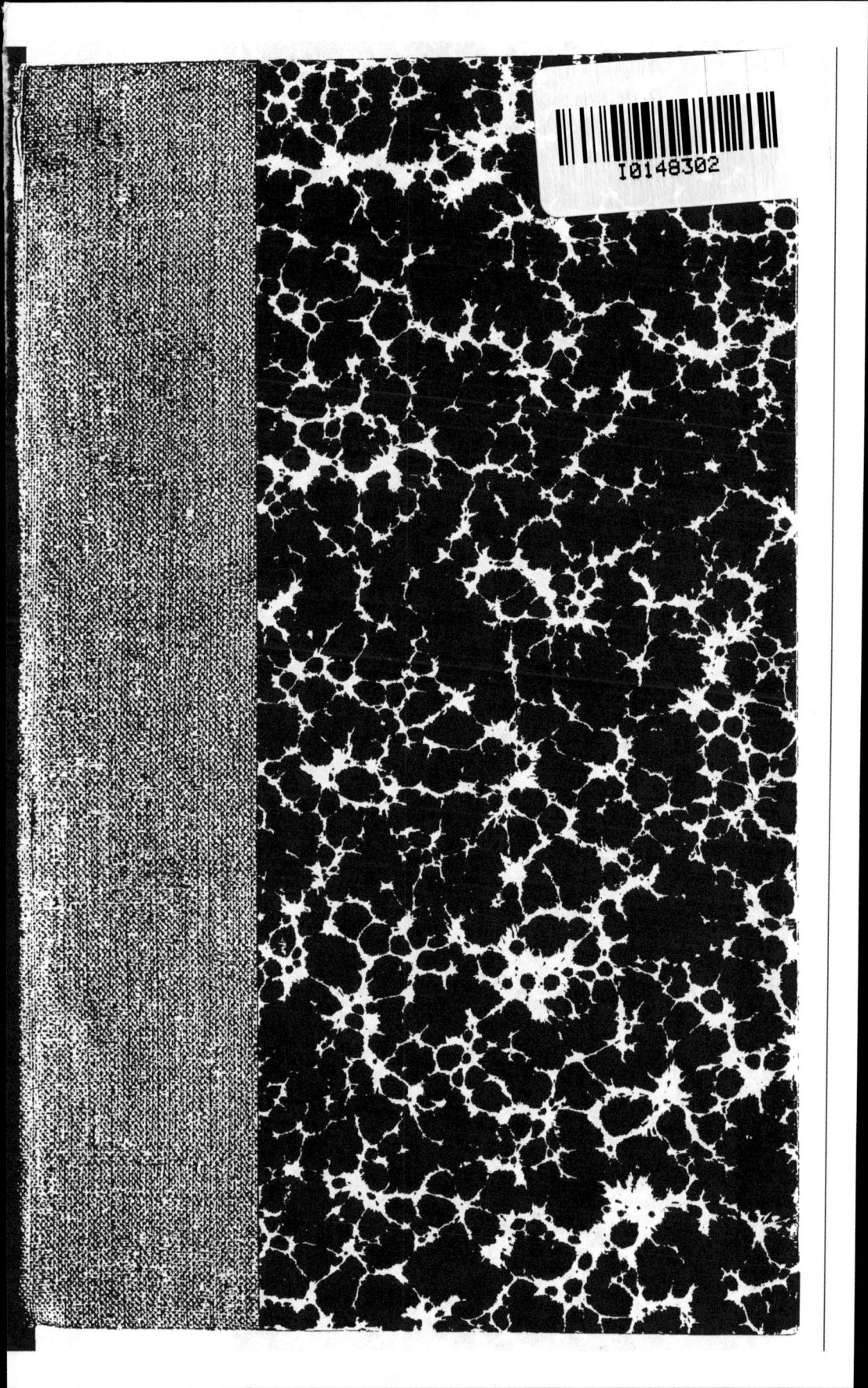

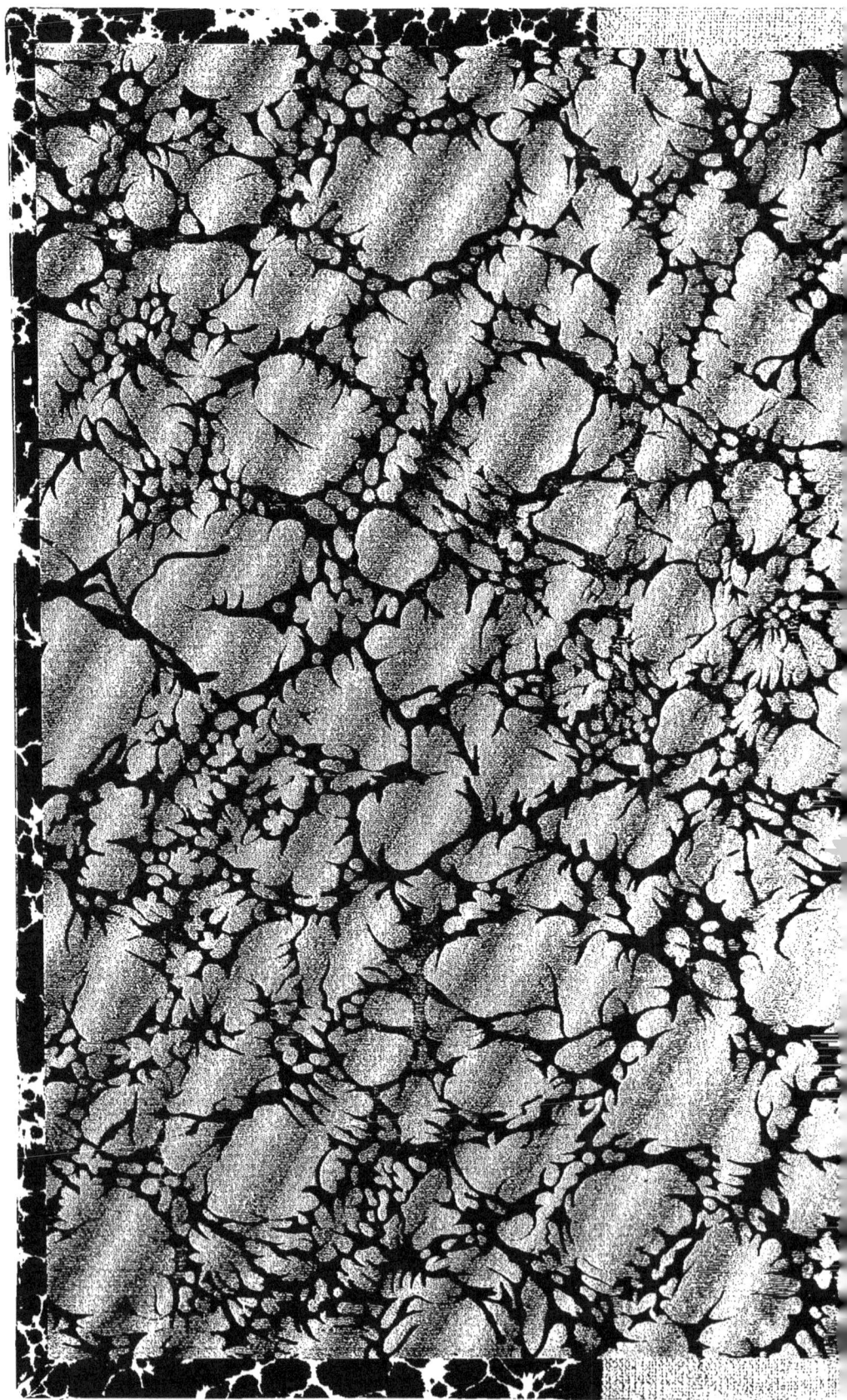

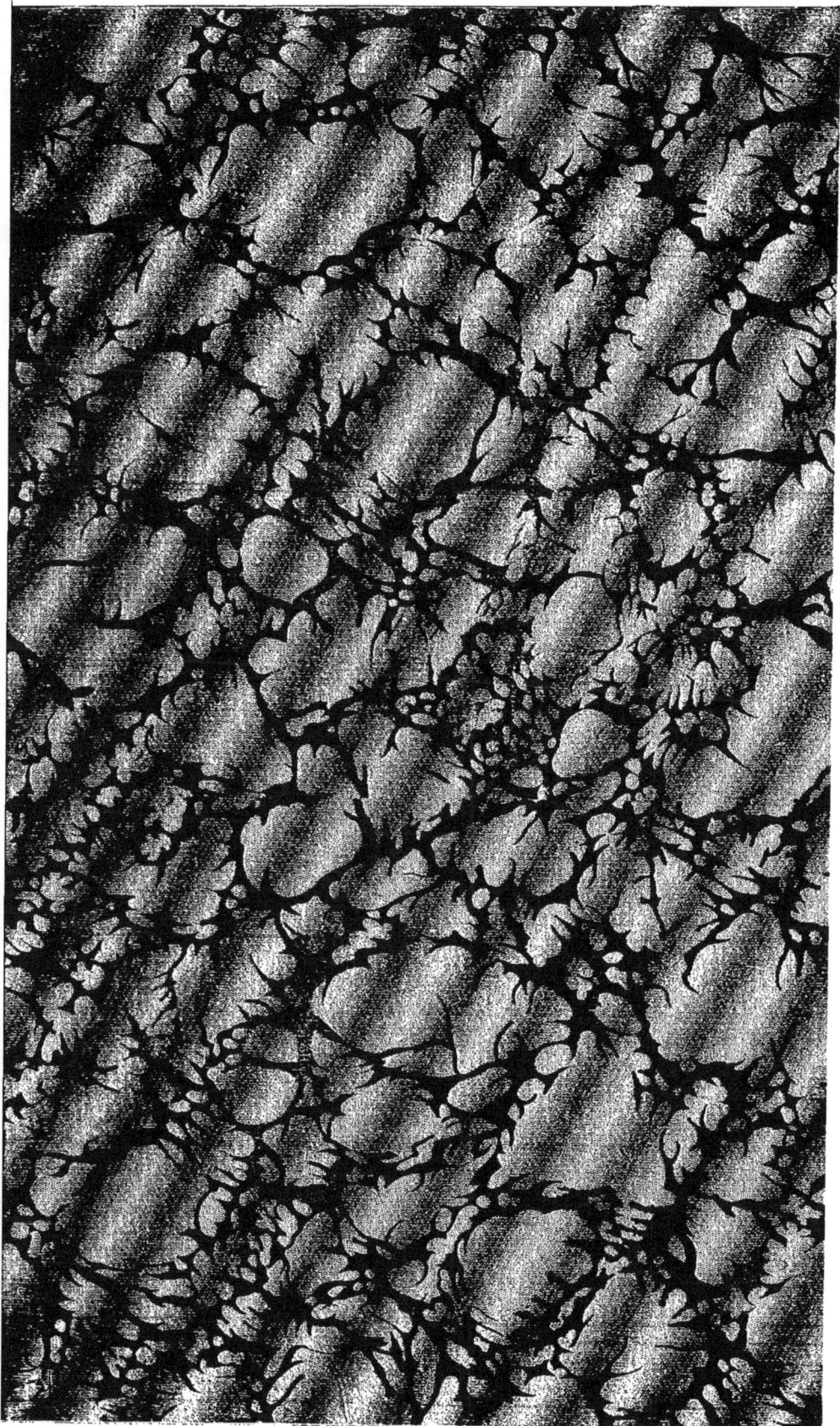

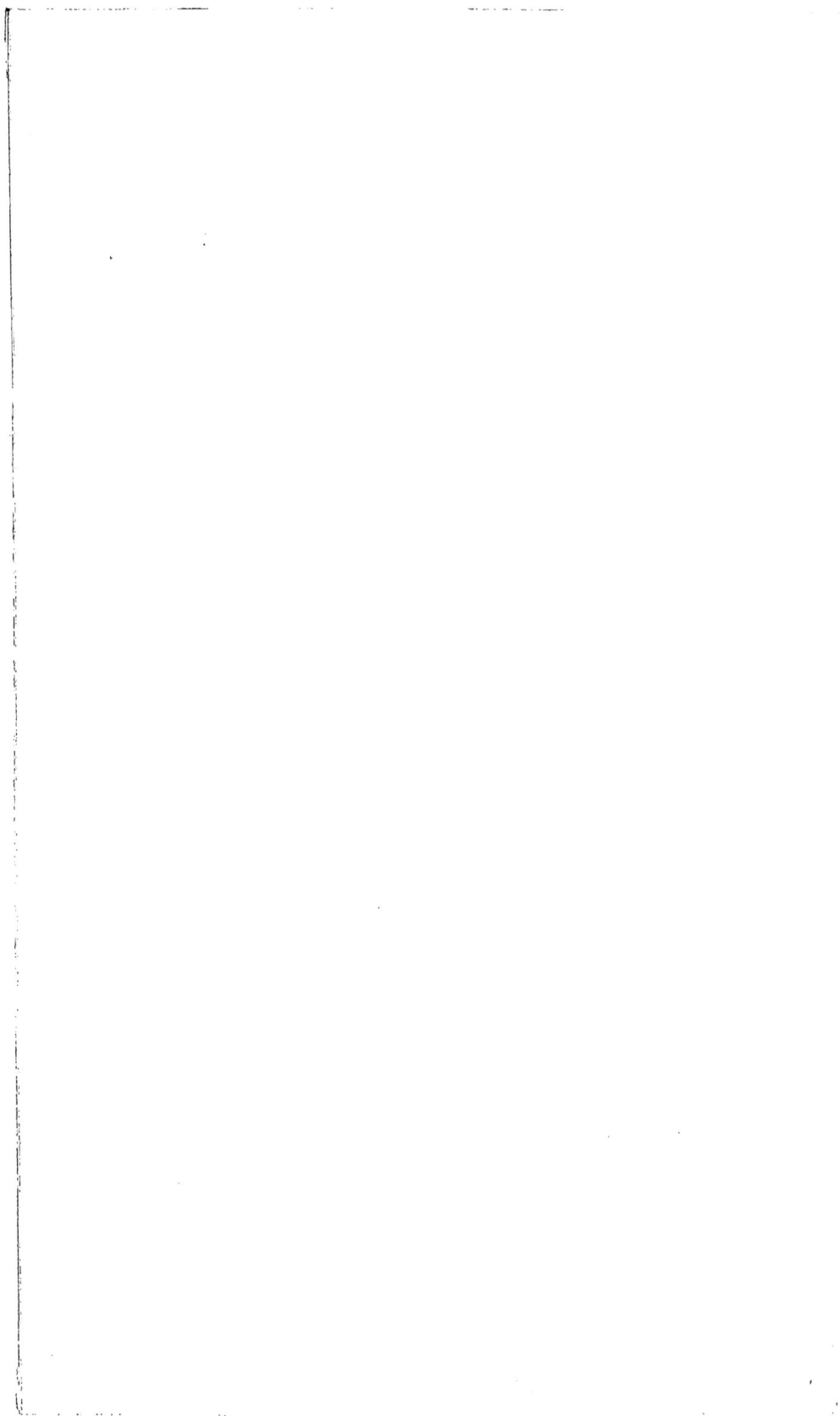

VOYAGE

DE LA PÉROUSE

SÉRIE GRAND IN-8°.

VOYAGE

DE

LA PÉROUSE

AUTOUR DU MONDE

1785 A 1788

PAR E. DU CHATENET.

LIMOGES

EUGÈNE ARDANT ET Cᵉ., ÉDITEURS.

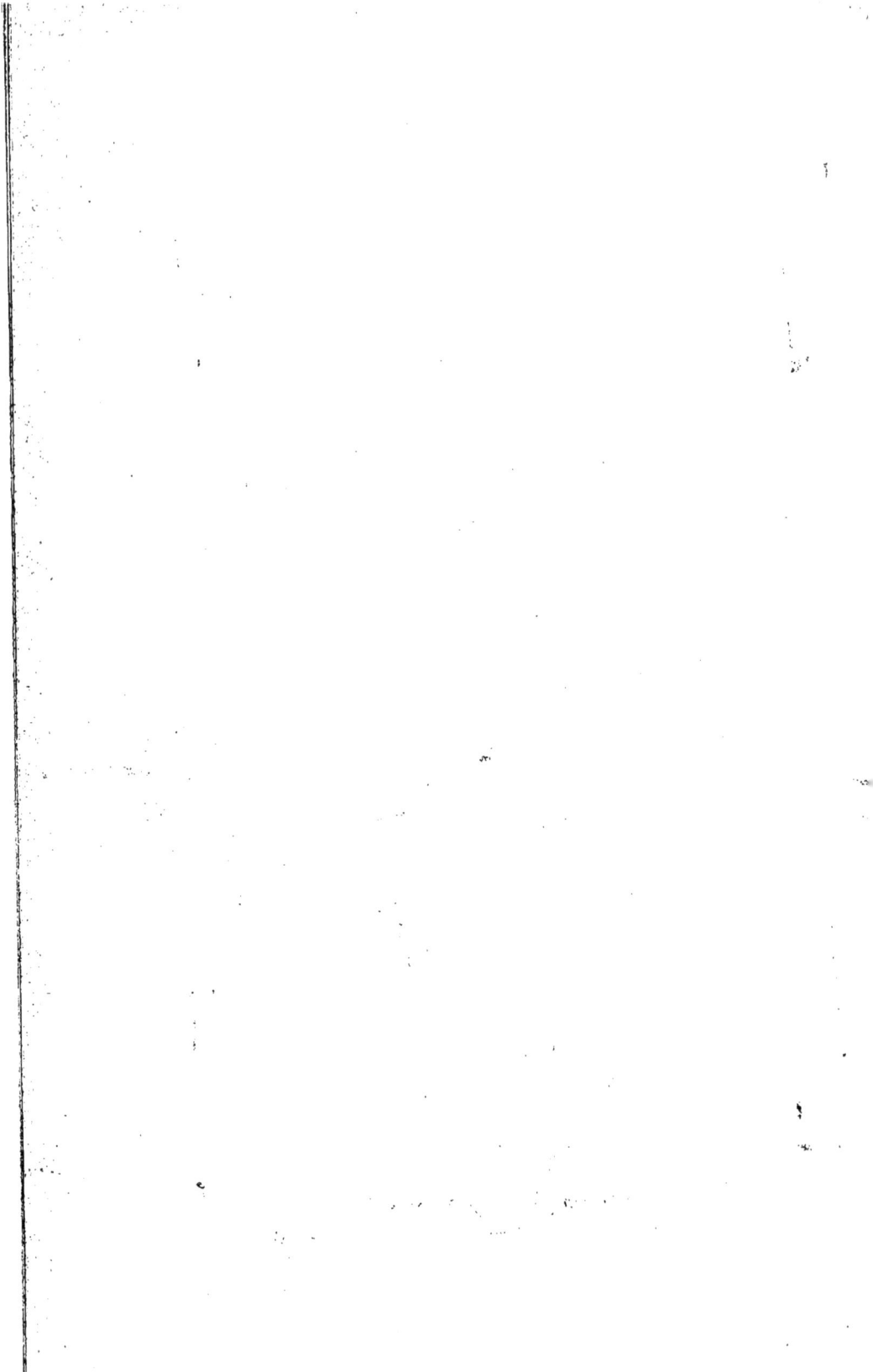

VOYAGE

DE LA PÉROUSE

AUTOUR DU MONDE

———

Il y aura bientôt un siècle que la France, détournant la vue des tempêtes qu'elle pressentait pour elle-même, saluait non sans émotion, en l'année 1785, le départ de deux navires que l'Europe entière suivait avec elle du regard. En paix avec le monde, armés aux frais d'un seul pays et au service de tous, ces navires avaient une patrie partout où les fruits amers de l'erreur et de la violence avaient fait sentir le prix de la science et de l'humanité. Pendant quatre années ils devaient explorer, sous ses aspects les plus divers, le vaste domaine de l'homme, l'interrogeant à la fois, dans leur généreuse audace, sur le présent, le passé, l'avenir; pendant quatre années ils devaient visiter les groupes les plus lointainement épars de la grande famille humaine, marquant chacune de leurs visites par des bienfaits. Sans doute, en un si court espace, il ne pouvait rester, en tant de lieux, de leur rapide passage, des traces bien profondes; mais cette fois du moins la bienfaisance des navigateurs ne devait point faire de tort à la justice : les mers du nord et du

sud allaient enfin voir des Européens qui, regardant tous les
hommes comme des frères « de différents âges, » oublieraient,
vis-à-vis des peuplades nues, les canons de leurs forteresses
flottantes : des Européens qui mettraient la vie d'un *sauvage* à plus haut prix que de misérables morceaux de fer ou
de cuivre, et se garderaient de faire retomber sur toute
une nation inoffensive le meurtre même de leurs compatriotes les plus chers.

Ces navires sur qui le siècle dont nous sommes les fils,
avait mis sa pensée ; ces navires qu'il avait animés de son
âme, — que devinrent-ils ? Pendant trois années les Espagnols, les Portugais, les Russes, les Anglais donnèrent successivement de leurs nouvelles. On apprit à travers quels
périls et quelles fatigues, avec quel zèle indomptable et
quel succès mérité, ils avaient accompli la plus grande
partie de leur tâche. On sut aussi que deux grands malheurs
les avaient frappés à près d'un an de distance, trempant
d'austérité les âmes, sans éteindre l'espoir ni refroidir le
courage. Aussi les voyait-on, de quatre mille lieues, donner
une année encore à leurs laborieuses recherches ; puis, leur
mission achevée, reprendre, à l'époque prescrite, le chemin
de la France. Le même canon qui avait salué le départ des
voyageurs, allait fêter leur retour ; les embrassements de leurs
familles et de leurs amis, l'admiration et la reconnaissance
de leurs rivaux, allaient payer dignement tous leurs efforts...
Un long, un sinistre silence succéda aux communications
des Anglais. Ce silence, l'année 1789 passa tout entière sans
le rompre. Cette même année qui préparait aux navigateurs des nouvelles dignes de leurs travaux, les attendit
vainement. Vainement aussi l'anxiété croissante de l'Europe
éclairée eut à compter, un à un, les jours et les mois de
1790. Mille bruits circulaient, que l'on tremblait d'éclaircir ;
à peine osait-on prononcer le nom des absents, comme s'il
eût dû réveiller, par delà les mers, des douleurs endormies

au fond des flots, ou bien faire dire sur un plage ignorée :
« *nos frères parlent de nous et ne viennent pas.* » Bientôt,
l'incertitude devenant un supplice, et l'inaction une sorte
de complicité avec la fortune, on vit, chose mémorable ! le
tendre et respectueux intérêt qui s'attachait au sort des
voyageurs, se faire jour à travers les scènes tumultueuses de
nos discordes civiles ; la voix d'une affectueuse sympathie
suspendre un instant le combat des passions haineuses, et
tous les partis, tous les gouvernements, unanimes dans leur
impression, questionner de toutes parts les marins avec
inquiétude, recueillir avec un soin religieux les rapports les
plus obscurs, rapprocher entre eux les plus faibles indices.
Aucun sacrifice ne parut de trop à la France appauvrie pour
venir en aide à ceux de ses enfants qui s'étaient dévoués
pour sa gloire : deux vaisseaux partirent, en 1791, à leur
recherche et à leur secours. Combien d'imaginations les
suivirent ! Combien d'imaginations, errant d'île en île et de
rochers en rochers, interrogèrent avec terreur les pointes
madréporiques du Grand-Océan, ou même les glaces éternelles du Pôle austral ? Combien d'autres, s'abandonnant
avec ivresse aux espérances toujours vivantes d'une mère,
d'une épouse, d'une sœur, d'un ami, se plurent à voir les
voyageurs arrêtés au loin sur une terre isolée mais hospita-
lière, sous l'ombrage protecteur des cocotiers et de l'arbre
à pain, toujours fidèles à la patrie, toujours les yeux tournés
vers elle, toujours épiant à l'horizon le passage de la voile
libératrice. Peut-être les vaisseaux envoyés à la recherche,
allaient-ils passer en vue de cette terre ! peut-être, à cette
heure même où l'on parlait d'eux, ces vaisseaux voguaient-
ils vers la France, chargés de la plus précieuse conquête
qui puisse tenter l'ambition humaine !

Après trois ans d'une attente bien longue, après trois ans
d'agitation et de doutes, on apprit que ces vaisseaux
n'avaient rien pu découvrir, frappés eux-mêmes dans leurs

chefs et dans leurs équipages. Le silence de deuil qui suivit
cette déclaration, ne fut plus interrompu de longtemps que
par de vains récits de matelots, trop souvent accueillis avec
transport. Relevée un instant, l'espérance était abattue
l'instant d'après. Croyez-le, plus d'une âme pieuse s'est
usée sous le coup mille fois répété de ces consolations déce-
vantes, qui ne promettaient de baume à ses blessures que
pour les rouvrir. Enfin, en 1826, un de nos plus actifs
marins se fit, de quelques rumeurs spécieuses, un généreux
prétexte pour tenter une vérification tardive : vers le même
temps, par une rencontre imprévue, le voile funèbre qui
avait recouvert jusqu'alors la destinée de La Pérouse, était
subitement déchiré. Un vaisseau de la Compagnie des Indes,
chargé, par mission spéciale, de s'assurer des faits sur le
lieu même, apprit au monde quel désastre était venu, après
les deux autres, priver notre grand Navigateur non plus
seulement de ses compagnons, mais de ses navires; quel
troisième et terrible coup avait pesé sur ces illustres victimes de la science, sans toutefois leur fermer entièrement
la carrière. Le même nuage mystérieux enveloppe donc
aujourd'hui encore l'histoire de leur salut ou de leur perte,
et les années qui se sont ajoutées les unes aux autres, ne
laissent plus d'espoir de pénétrer jamais ce mystère.

Quoiqu'il en puisse être, ô La Pérouse, l'heure de la souffrance est passée pour toi. Que ne peux-tu voir la part que
le genre humain t'a faite! Est-il une couronne au monde
comparable à celle que le malheur a mise sur ta tête? Pendant vingt ans la femme qui t'avait consacré sa vie, t'a
tendu les bras avec amour, et depuis cinquante ans par
toute la terre, tout homme auquel est parvenu ton nom, a
senti battre son cœur au moindre mot qui promît de tes
nouvelles. Tes compagnons sont tous honorés en toi ; en toi
dont ils ne pouvaient assez admirer l'aimable sérénité,
l'irréprochable prudence, l'inébranlable droiture, l'inflexible

équité; en toi qui as ressenti, dans toute leur implacable
âpreté, les amertumes les plus redoutées de la vie! Comme
celui d'un autre grand naufragé, ton désastre a marqué,
au milieu des mers, une île inconnue, d'un signe ineffa-
çable. Là, s'arrêtent les marins : « *C'est là,* » disent-ils, tes
souvenirs, tes espérances, tant d'efforts douloureux et de
succès inattendus, tant d'affections si chères, tout leur
apparaît à la fois! La tête courbée sous le poids de ces pen-
sées, ils ne peuvent se lasser de contempler, à travers l'eau
limpide, tes ancres et tes canons empierrés; comme le
tien, leur cœur se brise sur cette roche néfaste; ils se nour-
rissent de ta douleur, ils s'en abreuvent, ils s'en enivrent;
ils te voient, ils t'entendent, immortel martyr, comme il
nous semble entendre la voix de tes amis et la tienne, en
touchant du doigt ces reliques sacrées arrachées à cette
même roche et rapportées parmi nous, cette cloche qui
résonnait à vos oreilles, ces poulies qui criaient sous vos
cordages, ces pierriers dont vous armiez vos canots, ces
restes de vaisselle, ce fragment de montre, cette poignée
d'épée (1). O La Pérouse, l'heure de la souffrance est passée;
la part que le genre humain t'a faite est belle!

————

Après ces quelques mots qui ne désirerait connaître, avec
plus de détails, les principaux évènements de cette triste et
glorieuse histoire? Les détails sont d'ordinaire les racines
par où la sympathie s'attache et se fixe; par où elle puise
lentement la sève qui l'alimente. Ici pourtant il n'en sera
pas de même; il n'est point de détails qui puissent ajouter
aux impressions que le nom seul de La Pérouse réveille.
Mais si le cœur n'a plus ici rien à demander aux détails,
l'esprit peut encore leur emprunter quelque lumière; c'est
un chemin qu'il faut avoir parcouru pour ne point trouver

(1) Ces débris sont déposés au musée du Louvre.

de nuage sur la hauteur où les généralités nous portent. Hâtons-nous donc de joindre aux lignes qui précèdent, un commentaire qui n'y laisse rien d'obscur ..

———

Il nous faut remonter à l'année 1785; aux luttes maritimes de l'Angleterre et de la France. Depuis deux ans la paix était signée; la France, pour quelques années du moins, n'avait plus à rivaliser avec son ancienne ennemie qu'en l'imitant. Cette rivalité d'imitation, plus apparente peut-être dans l'impatience avec laquelle la jeune noblesse appelait de ses vœux les combats oratoires de la tribune parlementaire, ne l'était guère moins dans la direction de la marine. Après avoir énergiquement aidé au triomphe de l'indépendance américaine, après avoir lutté contre l'Angleterre avec le fer et le feu, la marine française avait à lutter avec elle en entreprises pacifiques et libérales. Notre marine avait fait voir dans les mers d'Amérique et d'Asie ses *Byron* (1) et ses *Rodney* (2) ; il lui restait à faire voir son *James Cook*, son *Dalrymple* (3), son *Joseph Banks* (4), son *Solander* (5), son *Forster* (6).

Il n'y avait plus de Nouveau-Monde à découvrir; le Continent austral, dernier espoir des modernes Christophes Colombs, avait été rayé des cartes par le second voyage de

(1) *Le commodore John* BYRON, navigateur anglais, né en 1723, mort en 1786.

(2) *George Bridge* RODNEY, amiral anglais, né en 171 , mort en 1772.

(3) DALRIMPLE, géographe et voyageur écossais, né en 1737, mort en 1808. Ce fut d'après ses plans que Cook exécuta ses voyages de découverte.

(4) *Joseph* BANKS, savant naturaliste anglais, né en 1740, mort en 1820, accompagna Cook dans son voyage autour du monde de 1768 à 1771.

(5) SOLANDER, naturaliste suédois, né en 1736, mort en 1781, autre compagnon de Cook dans son voyage 1768-1771.

(6) FORSTER, voyageur et naturaliste allemand, né en 1729, mort en 1798, accompagna avec son fils le capitaine Cook dans son voyage 1772-1775.

Cook; la seule question restée pendante était celle que le troisième voyage du grand navigateur anglais avait tenté de résoudre, celle d'un passage au nord de l'Amérique. Un voyage de découvertes devait se résigner à n'être plus guère qu'un voyage de vérification ; mais, appliquée aux terres anciennement signalées (1), et, depuis, conservées sur les cartes sans preuve, ou même effacées et traitées de chimère, la vérification n'était pas sans une sorte d'originalité. Eviter avec le plus grand soin les chemins battus, tracer partout un nouveau sillon sur les mers, courir patiemment après toutes les îles ou côtes douteuses, tel allait être, sous le rapport hydrographique, le caractère spécial de l'expédition que la France opposait aux travaux maritimes anglais. Un autre caractère de cette expédition, ce devait être le caractère même du siècle : la multiplicité, disons mieux, l'*universalité* des points de vue sous lesquels les voyageurs avaient mission d'étudier la terre et les hommes. Entre les questions d'utilité pratique immédiate, celle d'un commerce de pelleteries à établir entre le nord-ouest de l'Amérique et la Chine, était presque la seule où se laissât voir un intérêt national ou personnel.

Les instructions rédigées pour ce voyage, sous le nom de *Mémoire du Roi*, par FLEURIEU (2), ont toujours été regardées comme un modèle en ce genre. Elles se divisent en cinq sections. La remière présente un tracé approximatif de la route à suivre pour vérifier successivement le plus de points douteux. Il y est dit positivement que « ce tracé a pour objet de faire suivre, dans les différentes mers, des routes qui n'aient été suivies par aucun des navigateurs qui ont précédé. » La seconde section est consacrée à toutes les questions qui intéressent la politique et le commerce. La troisième expose les opérations relatives à l'astronomie, à la

(1) Notamment par les navigateurs espagnols.
(2) M. P. Huret, comte de Fleurieu, ministre de la marine sous Louis X.

géographie, à la navigation, à la physique, aux différentes branches de l'histoire naturelle, et règle les fonctions des astronomes, physiciens, naturalistes, ingénieurs et artistes employés dans l'expédition. La quatrième section traite de la conduite à tenir avec les peuples sauvages. Enfin, la cinquième indique la plupart des précautions à prendre pour le maintien de la santé des équipages.

Voici, en quelques lignes, l'itinéraire dressé par Fleurieu; vous en pourrez voir sur une mappemonde les points principaux. Je fais suivre d'un point d'interrogation le nom des terres douteuses.

Brest; Madère; Saint-Iago. — Pennedo de San-Pedro; île de la Trinité; île Grande de la Roche? île de Georgia; terre de Sandwich; cap Horn; sud-ouest de la *Terre-de-feu.*

Terre de Drakes; île de Pâques; île Pitcairn; îles de *l'Incarnation? de Saint-Jean-Baptiste? de Saint-Elme? des quatre couronnées? de Saint-Michel? de la Conversion de Saint-Paul? O-Taïti* et les autres îles de la Société; *île Saint-Bernard? île de la Belle-Nation? — île des Pins;* côte occidentale de la *Nouvelle-Calédonie; îles de la reine Charlotte : île Santa-Cruz* de Mendana; — ou bien côte orientale de la *Louisiade, îles de la Délivrance;* pointe est de la *Terre des Arsacides;* île au nord-ouest de la *Terre des Arsacides; cap de la Délivrance,* passage entre la *Louisiade* et la *Nouvelle-Guinée;* côte méridionale de la Nouvelle-Guinée, *détroit de l'Endeavour; golfe de Carpentarie;* côte occidentale et surtout côte méridionale de la *Nouvelle-Hollande; terre de Van Diemen; détroit de Cook,* entre les deux grandes îles de la *Nouvelle-Zélande.* Voilà pour l'exploration de la partie méridionale du grand Océan.

Vient ensuite l'exploration de la partie septentrionale en passant (par les *îles Marquises* et les *îles Sandwich*) de la *Nouvelle-Zélande* à la côte occidentale de l'Amérique, et remontant au nord, de *Monterey* au *mont Elias;* à la presqu'île d'*Alaska* aux *îles Aléoutiennes ;* aux îles situées à l'ouest des Aléoutiennes ? et enfin au port d'*Avatscha*, à l'extrémité orientale de la presqu'île du *Kamtschatka.*

Navigation vers l'ouest : *îles Kuriles ;* côtes nord-est et sud du *Japon ;* îles à l'est et au sud du Japon ; *Formose ; Macao* ou *Manille.*

Navigation vers le nord-est ; côte occidentale de la *Corée ;* côté orientale de la Corée ; côte de la *Tartarie ;* côte opposée du *Japon.* « Toutes ces côtes, écrit Fleurieu, sont absolument inconnues aux Européens. » *Détroit de Tessoy ;* terres désignées sous le nom de *Jesso ? terre des États ? îles Kuriles ;* port d'*Avatscka.*

De là, du 180° degré de longitude au 165°, par 37° de latitude nord, recherche d'une terre découverte en 1610 par les Espagnols ; *île Tinian ; Nouvelles Carolines ;* îles *Saint-André ; Mindanao* (Philippines) ; *Ternate* (Moluques) ; passage entre *Céram* et *Bouro ; Ile-de-France ; cap de la Circoncision,* au sud du cap de Bonne-Espérance ; îles de *Goughs ;* d'*Alvarez ;* de *Tristan d'Acunha ;* de *Saxemburg ; dos Picos.* — *Brest.*

——

Cet itinéraire était accompagné de plusieurs cartes précieuses, entre autres d'une carte générale du Grand-Océan, résultat de tout ce que les navigateurs avaient publié jusqu'alors, et d'un volume entier de notes géographiques ou historiques offrant le résumé des connaissances hydrographiques sur le plus grand nombre des points à visiter, et tous les indices recueillis au sujet des terres douteuses.

Je ne vous arrêterai pas à chacun des chapitres de ces célèbres instructions ; on les peut lire en tête de la *Relation du voyage de La Pérouse,* publiée aux frais de la République, en exécution d'un décret de l'Assemblée constituante (1). Je ne puis m'empêcher cependant de détacher du quatrième chapitre quelques lignes qui ne caractérisent pas moins ce plan de travail que la largeur et la hardiesse de ses vues : « Si des circonstances impérieuses, y lit-on après l'énumération des précautions défensives à prendre contre les peuples indigènes; » si des circonstances impérieuses, qu'il est de la prudence de prévoir dans une longue expédition, obligeaient jamais le sieur de La Pérouse à faire usage de la supériorité de ses armes sur celles des peuples sauvages pour se procurer, malgré leur opposition, les objets nécessaires à la vie, tels que les subsistances, du bois, de l'eau, il n'userait de la force qu'avec la plus grande modération, et punirait avec une extrême rigueur ceux de ses gens qui auraient outre-passé ses ordres. Dans tous les autres cas, s'il ne peut obtenir l'amitié des sauvages par les bons traitements, il cherchera à les contenir par la crainte et les menaces ; mais il ne recourra aux armes qu'à la dernière extrémité, seulement pour sa défense, et dans les occasions où tout ménagement compromettrait décidément la sûreté des bâtiments et la vie des Français dont la conservation lui est confiée.

« Sa Majesté regarderait comme un des succès les plus heureux de l'expédition, qu'elle pût être terminée sans qu'il en eût coûté la vie à un seul homme. »

Aux instructions de Fleurieu furent jointes des instructions rédigées par l'Académie des sciences pour les savants de l'expédition, sous les titres suivants : géométrie, astronomie, mécanique, physique, chimie, anatomie, zoologie, minéralogie, botanique. A la suite se trouvaient des notes de *Buache*, sur les diverses lacunes géographiques qu'il était le plus à désirer de voir comblées.

Aux questions de l'Académie des sciences, la Société de

(1) 4 volumes in 4°, avec Atlas in-folio. Il en existe aussi une édition in-8°.

médecine ajouta ses propres questions sur les différences à remarquer dans la structure du corps humain et les fonctions des organes; sur l'examen hygiénique de l'air, des eaux, des aliments, des habitations, des vêtements, des exercices, des habitudes morales; sur les maladies; sur les ressources empruntées par les différents peuples à la matière médicale; sur leurs pratiques et opérations chirurgicale. Ces questions portent les noms de *Mauduyt*, de *Vicq d'Azyr*, de *Fourcroy* et de *Thouret* L'abbé *Tessier* proposa des expériences pour la conservation de l'eau à bord. Enfin M. *Thouin* rédigea, pour le jardinier-botaniste de l'expédition, une longue note sur les minutieuses précautions à prendre, soit pour la conservation et la réussite des graines ou arbustes dont on allait enrichir les terres étrangères, soit pour la récolte et la conservation des plantes que l'on aurait à rapporter. On trouve en tête de la Relation l'état des plantes emportées, celui de tous les objets embarqués pour échange ou présents; la liste des instruments scientifiques (1) et le Catalogue de la bibliothèque.

Il est temps de parler du marin sur lequel allait peser toute la responsabilité de cette belle entreprise. C'était un des capitaines qui avaient eu le plus à faire, sous le rapport militaire et maritime, dans la dernière guerre; non moins renommé chez les Anglais pour sa générosité que pour sa prudence et son courage (2).

A peine âgé de quarante-quatre ans, il ne comptait pas moins de dix-huit campagnes. Entré dans la marine à quinze ans, en 1756, il avait joint de bonne heure l'expérience à la théorie. Il avait fait d'abord cinq campagnes de guerre : les

---

(1) Entre ces instruments se trouvaient deux *boussoles d'inclinaison*, qui avaient servi au capitaine *Cook*, prêtées par le Bureau des longitudes de Londres, — et la toise d'acier qui avait servi à *Bouguer* et à *La Condamine* pour la mesure du degré du méridien au Pérou.

(2) *Jean-François* GALAUP, comte de La Pérouse, né à Alby en 1741.

quatre premières sur *le Célèbre*, *la Pomone*, *le Zéphyr* et *le Cerf*; la cinquième sur *le Formidable*, qui fut pris, après la plus vigoureuse résistance, à la hauteur de Belle-Isle, par l'escadre anglaise. Remis de ses blessures et rendu à sa patrie, il avait fait trois nouvelles campagnes sur *le Robuste*. Enseigne de vaisseau en 1764, la paix ne ralentit pas son activité; on le voit en 1765 sur *l'Adour*; en 1766, sur *le Gare*. En 1767, il commande *l'Adour*; en 1768, *la Dorothée*; en 1769, *le Bugalet*; en 1771 et 1772, *la Belle-Poule*. De 1773 à 1777 (lieutenant de vaisseau depuis le commencement de cette dernière année), il a sous ses ordres la flûte *la Seine* et *les Deux-Amis*, sur la côte de Malabar. Le 17 juin 1778, les hostilités de la France et de l'Angleterre recommencent par le combat de *la Belle Poule*. En 1779, La Pérouse commande, dans les mers d'Amérique, *l'Amazone*, de l'escadre de *D'Estaing*. Il protége, à portée de pistolet d'une batterie ennemie, la descente des troupes à la Grenade. Lors de l'engagement des escadres de D'Estaing et de Byron, il porte les ordres du général dans toute la ligne; enfin il prend sur les côtes de la nouvelle Angleterre (États-Unis) la frégate anglaise *l'Ariel*, et contribue à la prise de *l'Expériment*. Nommé capitaine en avril 1780, il soutient sur *l'Astrée*, avec *l'Hermione*, un combat terrible contre six bâtiments de guerre anglais, près le cap nord de l'île royale; et, en une demi-heure, l'habileté de ses manœuvres oblige *le Charlestown*, frégate commandante, et *le Jack*, à se rendre. L'année suivante, l'ordre étant donné d'aller détruire les établissements des Anglais dans la baie d'Hudson, La Pérouse est chargé de cette triste et difficile mission. Il réussit à y conduire du Cap-Français, à travers les brumes, et sous la crainte des glaces prochaines, *le Sceptre*, de soixante-quatorze canons, et deux frégates de trente-six canons, *l'Astrée*, commandée par *Delangle*, et *l'Engageante*. Les forts anglais (le fort du prince de Galles, le fort York) se rendent à la première sommation. La Pérouse apporte au déplorable office qu'il remplit tous les adoucissements possibles : il laisse aux Anglais fugitifs des vivres et des armes. Le Journal d'un voyage par terre, accompli par Hearn vers le nord en 1772, était tombé entre les mains des Français. Ce Journal, riche de notions acquises au profit exclusif d'une compagnie de commerce ennemie, La Pérouse le rend à son auteur, sous la seule condition qu'il le publiera lors de son retour à Londres.

Tels étaient les états de service de l'homme auquel fut remis en 1785, le commandement des deux frégates destinées à faire le tour du monde dans un but tout autre, sous les noms pacifiques de *Boussole* et d'*Astrolabe*. Quant aux officiers, au nombre de dix-huit, ils étaient tous du choix de La Pérouse.

Les officiers de *la Boussole* étaient, avec le commandant en chef de l'expédition, *MM. De Clonard, D'Escures*, lieutenant; *Boutin, De Pierrevert, Colinet*, enseignes; *Mel de Saint-Céran, De Montarnal, Darbaud*, volontaires, *Broudou*, volontaire (1), gardes de la marine. Ceux de *l'Astrolabe* : le capitaine *De Langle*, commandant, le même que nous venons de voir tout à l'heure commander *l'Astrée*; *De Monti*, lieutenant; *De Vaujuas, D'Aigremont, de Laborde-Marchainville, Blondela*, enseignes; *De Laborde-Boutervilliers, De Lauriston, De Flassan*, gardes de la marine. Les noms des officiers mariniers (2), des canonniers et fusiliers, des charpentiers, forgerons, calfats et voiliers, des gabiers, timoniers et matelots, ont été religieusement conservés en tête de la Relation du voyage. L'espace me manque pour les repro-

(1) Frère de madame de La Pérouse.

(2) Entre les dix-huit officiers mariniers, deux surtout sont souvent cités par La Pérouse et De Langle : l'un est *Laprise-Mouton* de *la Boussole*; l'autre *Pierre Brossard*, de *l'Astrolabe;* tous deux sont promus, en chemin, au grade de sous-lieutenant de vaisseau.

duire ici. Je me bornerai à transcrire la liste des ingénieurs, savants et artistes.

Sur *la Boussole MM. De Monneron*, ingénieur en chef, l'un des compagnons de La Pérouse à la baie d'Hudson ; *Bernizet*, ingénieur-géographe ; *Rollin*, chirurgien-major ; *Lepaute d'Agelet*, astronome, membre de l'Académie des sciences (1), élève et parent de la célèbre madame Lepaute ; le même qui avait fait un si grand nombre d'observations astronomiques en 1773, dans l'expédition de Kerguelen vers le pôle austral ; l'abbé *Mongez*, physicien, faisant les fonctions d'aumônier (neveu du célèbre abbé Rozier et frère d'un membre de l'Académie des Inscriptions, mort à Paris en 1836); *Duché de Vancy*, dessinateur de figures et de paysages; *Prévost* le jeune, dessinateur pour la botanique ; *Collignon*, jardinier-botaniste ; *Guéry*, horloger.

Sur *l'Astrolabe* : *Monge*, astronome, membre de l'Academie des sciences ; *De la Martinière*, docteur en médecine, botaniste désigné par Jussieu. *Dufresne*, naturaliste; le père *Receveur*, naturaliste, faisant les fonctions d'aumônier; *Prévost* aîné, dessinateur ; *Lavaux*, chirurgien ; *Lesseps*, interprète pour le russe.

Invité par Condorcet à se joindre à l'expédition, *Lamanon*, l'un des membres les plus actifs de l'Académie de Turin (2), accepte avec transport, mais sans consentir à recevoir de traitement ; il est inscrit sur le cadre de *la Boussole* comme physicien, minéralogiste, météorologiste.

DÉPART.

Le 26 juin 1785, les instructions sont remises à La Pérouse; le 4 juillet il est à *Brest;* D'Agelet, Monge, Lamanon, les

(1) Né à Thonne-la-Longue, près Montmédy, en 1751.

(2) Né en 1752, à Salon, en Provence.

autres savants et artistes l'y avaient précédé. C'est le
1er août seulement que les deux frégates, retenues depuis
trois semaines en rade par les vents d'ouest et « tellement
encombrées, écrit La Pérouse, qu'il était impossible de
mouvoir le cabestan (1), » — s'éloignent des côtes de
France.

La traversée jusqu'à *Madère* n'offre rien de particulier ;
les frégates y mouillent le 13. La cherté excessive du vin
en cette île, les oblige à en chercher à *Ténériffe*. Parties de
Madère le 14, au soir, elles ont connaissance le 18, au
matin, de l'*île Salvage* qui, formée tout entière de couches
de lave, ne leur offre pas un seul arbre. Le 19, à trois
heures de l'après-midi, elles sont dans la rade de *Sainte-
Croix*. Un observatoire est dressé à terre ; vérification est
faite du mouvement des horloges marines, les boussoles
d'inclinaison sont aussi mises à l'essai. Pendant que les
astronomes emploient de leur mieux leur temps, les naturalistes font avec plusieurs officiers, le voyage du *Pic*. La
Martinière recueille plusieurs plantes précieuses ; *Lamanon*,
qui prend à la fois pour son département la terre et l'air, la
minéralogie et la météorologie, mesure les hauteurs avec le
baromètre et le thermomètre, soumet, sur place, les vapeurs
qui s'exhalent du cratère à différentes épreuves chimiques,
et signale plusieurs nouvelles variétés de *schorls* volcaniques. La colonne barométrique qui, au même moment,
avait, à Sainte-Croix, vingt-huit pouces trois lignes de
hauteur, descendit, au sommet du Pic, à dix-huit pouces
quatre lignes trois dixièmes. Le thermomètre de Réaumur
qui à Sainte-Croix marquait 24 degrés et demi, se tint cons-

(1) Chaque frégate avait à bord, en pièces, un bateau ponté d'environ vingt
tonneaux, — deux biscaïennes (longues chaloupes aux extrémités effilées), —
un grand mât, une mèche de gouvernail, un cabestan, enfin « une quantité
d'effets incroyables. » — Chaque frégate portait, au départ, cent treize personnes.

tamment au sommet du Pic à 9°. La violence du vent empê-
cha de faire sur le cratère même l'expérience de l'eau bouillante ; mais, à la *Fontaine Glacee* où la colonne barométrique
avait dix-neuf pouces une ligne, l'eau se soutint bouillante
à 71° de Réaumur. Le capitaine du génie *Monneron* faisait
de son côté le voyage du Pic, avec huit hommes et sept
mules, dans l'intention de le niveler du sommet jusqu'au
bord de la mer : seule manière de mesurer cette montagne
qui n'eût pas été essayée. Pendant ce temps-là, les frégates
se chargeaient de soixante pipes de vin.

C'est le 30 août seulement qu'elles purent mettre à la
voile, plus encombrées encore qu'à leur départ de Brest.
N'oublions pas que la santé de plus en plus affaiblie de
Monge, ne lui avait pas permis d'aller plus loin. C'est à cette
circonstance que la France a dû la conservation d'un homme
qui lui devait rendre de si grands services aux jours du
danger : l'un des premiers à citer entre ceux auxquels l'une
de nos écoles les plus fécondes doit la vie (1).

Les navigateurs atteignirent la Ligne le 29 septembre ;
le 16 octobre ils aperçurent, à cinq lieues de distance, les
îles ou plutôt les rochers *de Martin-Vaz ;* la plus grande de
ces îles n'a guère plus d'un quart de lieue de tour. Le 17,
l'île de la Trinité laissait voir le pavillon portugais, récemment arboré à la place des couleurs anglaises. Toute la
journée l'abordage fut impossible. Cette relâche promettait
d'ailleurs peu de secours ; on n'y voyait d'arbre ou de verdure qu'entre les gorges des montagnes (2), le reste n'était
que roches stériles. Le lendemain *l'Astrolabe* ayant détaché
sa biscaïenne, commandée par M. *De Vaujuas*, le botaniste

(1) *L'École polytechnique.*

(2) C'est dans l'une de ces vallées, large à peine de six cents mètres, que
les Portugais avaient assis leur établissement, de peur sans doute qu'une
autre nation ne fît de cette île l'appui d'un commerce de contrebande avec le
Brésil. Les hommes ni les animaux n'y peuvent trouver leur subsistance.

La Martinière et le père *Receveur*, qui l'accompagnaient, faillirent périr avec lui. Le fort renfermait environ deux cents hommes dont quinze à peine en uniforme. Pour ne pas trahir davantage sa faiblesse, le gouverneur ne permit pas la moindre herborisation. Tous les minéraux recueillis en cette descente, étaient d'origine volcanique.

Il fallait aller chercher de l'eau et du bois ailleurs. La Pérouse se décide pour l'île brésilienne de *Sainte-Catherine*, ancienne relâche des bâtiments français, beaucoup plus convenable à ses desseins que celle de Rio de Janeiro. En chemin, il s'assure que l'*île de l'Ascension*, placée sur les cartes à cent lieues à l'ouest de la Trinité, n'existe pas à cet endroit; le 24 il avait fait inutilement cent quinze lieues à l'ouest. Le 25, les frégates essuient un orage des plus violents : à huit heures du soir, elles sont au milieu d'un cercle de feu ; les éclairs partent de tous les points de l'horizon. La flamme électrique (le feu Saint-Elme) se maintient à la pointe du paratonnerre de *la Boussole ;* à la pointe du grand mât de l'*Astrolabe*. Pendant dix à douze jours les bâtiments suivent du nord au sud la côte du Brésil, enveloppée d'une brume épaisse comparable à celle de nos côtes de Bretagne, en hiver. Le 6 novembre, ils mouillent entre l'*île de Sainte-Catherine* et la terre ferme.

Leur approche paraît jeter l'effroi dans le pays; le canon d'alarme se fait entendre. Mais bientôt un canot de l'*Astrolabe* rassure le commandant de la petite citadelle sur les dispositions des voyageurs et l'instruit de leurs besoins. Un exprès est envoyé au gouverneur qui, averti de l'expédition par la Gazette de Lisbonne, donne aussitôt les ordres les plus précis pour que l'.. provisionnement des navigateurs ait lieu selon leurs désirs (1).

(1 L'île de Sainte-Catherine, qui compte à peu près douze lieues du nord au sud, n'a guère que deux lieues de l'est à l'ouest. Elle n'est séparée du continent, dans l'endroit le plus resserré, que par un canal de quatre cents mètres.

Les vivres de toute espèce étaient acquis au meilleur compte. Un gros bœuf coûtait huit piastres, un cochon de cent cinquante livres en coûtait quatre. Il ne fallait que jeter le filet pour le retirer plein de poisson. Cinq cents oranges étaient rendues à bord pour une demi-piastre. Les habitations, tant sur l'île que sur le continent, étaient toutes au bord de la mer, parfumées par des bois toujours verts, mais impénétrables; partout une fertilité extrême ; du reste, nulle fabrique ; des paysans nus ou couverts de haillons, simples spectateurs de la pêche de la baleine qui se faisait avec les plus riches profits sur leur côte, affermée par la couronne de Portugal à une compagnie de Lisbonne. Leur superstitieuse crédulité ne paraissait pas altérer la douceur de leurs mœurs. La Pérouse cite de leur hospitalité un exemple touchant : « Mon canot, dit-il, ayant été renversé par la lame dans une anse où je faisais couper du bois, les habitants qui aidèrent à le sauver, forcèrent nos matelots naufragés à se mettre dans leurs lits et couchèrent à terre sur des nattes, au milieu de la chambre. Peu de jours après, ils rapportèrent à mon bord les voiles, les mâts, le grappin et le pavillon de ce canot, objets très-précieux pour eux, et qui leur eussent été de la plus grande utilité dans leurs pirogues. » La chasse donne aux ornithologistes plusieurs oiseaux des couleurs les plus variées et les plus éclatantes, entre autres un rollier d'un bleu ciel magnifique, très-commun dans le pays. Indépendamment de vivres frais pour un mois, les voyageurs ajoutent des orangers et des citronniers à leur collection d'arbres; le jardinier se pourvoit de pepins d'orange et de citrons; de graines de coton, de maïs, de riz.

C'est sur la pointe de ce canal qu'est bâtie la ville de *Nostra-Senora del Destero*, alors chef-lieu de la capitainerie et résidence du gouverneur. La population de cette ville, lors du passage de La Pérouse, était d'à peu près quatre mille âmes. L'établissement régulier des Portugais sur cette côte, ne datait que de quarante-cinq ans.

Le 16, tout était embarqué; chacun avait la permission d'écrire à sa famille et à ses amis. Arrêtées deux jours encore par les vents contraires, les frégates ne sont au large que le 19. Revenant, pour ainsi dire, sur leurs pas, elles se dirigent vers l'est à la recherche de l'*île Grande de la Roche*. Le 28, elles essuient un coup de vent très-violent, le premier depuis le départ de Brest. « Je vis avec plaisir, écrit La Pérouse, que si nos bâtiments marchaient fort mal, ils se comportaient très-bien dans les mauvais temps, et pouvaient résister aux grosses mers que nous aurions à parcourir. » Le 7 décembre, il est sur le parallèle assigné à l'*île Grande*. Des goemons et divers autres oiseaux (malheureusement la plupart de l'espèce des albatros et des pétrels, qui n'approchent de terre que dans la saison de la ponte) encouragent ses espérances et le consolent des mers affreuses au milieu desquelles cette recherche le retient. Le 27 du même mois, après *quarante jours* de vaine attente, pendant lesquels il essuie cinq coups de vent, La Pérouse regarde l'*île Grande* comme une terre imaginaire, et fait route vers le *cap Horn*. Les coups de vent cessent avec le mois de décembre; le mois de janvier est presque aussi beau que celui de juillet sur les côtes d'Europe, sans autre incident que des parties de chasse en canot, qui permettent aux officiers, en quelques jours de calme et de belle mer, de tuer une quantité considérable d'albatros.

Le 21 janvier 1786, les frégates ont, à trois lieues de terre, connaissance du *cap Beautemps*, sur la côte des Patagons. Le 22, à midi, elles relèvent, à quatre lieues de distance, le *cap des Vierges*, à l'entrée orientale du *détroit de Magellan*. Le 25, elles sont à une lieue au sud du *cap San Diego*, point occidental du *détroit de Lemaire*. Le vent était si favorable et la saison si avancée, que La Pérouse prend le parti de doubler aussitôt le *cap Horn*, et de faire route sans retard vers l'*île Juan-Fernandez*. Pendant son passage dans le *détroit de Lemaire*, il voit, à une demi-lieue de distance, les naturels de la *Terre-de-Feu* attiser de grands feux sur la côte, sans doute pour l'inviter à faire halte. Les brumes lui cachent la *terre des États;* des baleines nagent majestueusement à portée de pistolet des fréga'es.

Le 9 février, après avoir doublé le *cap Horn* avec beaucoup plus de facilité qu'il ne s'y attendait, La Pérouse était dans la *mer du Sud,* vis-à-vis l'extrémité occidentale du détroit de Magellan; des motifs qu'il serait trop long d'énumérer ici, le déterminent à commencer sa campagne par l'exploration de la côte nord-ouest de l'Amérique; c'est-à-dire à intervertir l'ordre de ses recherches dans le grand Océan, et à consacrer d'abord ses soins à la partie septentrionale. L'état de ses vivres lui fait préférer la côte du Chili à la relâche de Juan-Fernandez.

Le 23, il double la pointe de l'*île Quiquirine*, jetée en avant de la baie de la *Conception.* « Nous cherchions avec nos lunettes, écrit-il, la ville de la *Conception*, que nous savions, d'après le plan de Frézier, devoir être au fond de la baie, dans la partie du sud-est, mais nous n'apercevions rien. » Des pilotes leur apprirent bientôt que cette ville avait été renversée, en 1751, par un tremblement de terre, et qu'une nouvelle ville s'était élevée, en 1763, à trois lieues de la mer, sur le bord de la rivière de *Biobio* (1). Les frégates étaient attendues avec impatience, annoncées par les lettres du ministère espagnol.

Ce qui surprend le plus le capitaine envoyé à bord par le commandant de la Conception, c'est la santé de deux équipages. « Jamais peut-être aucun vaisseau, écrit La Pérouse,

---

(1) Cette nouvelle ville comptait en 1785 dix mille habitants. Les maisons n'y ayant qu'un étage, à cause des tremblements de terre qui se renouvellent presque tous les ans, cette nouvelle ville occupait beaucoup de place. Quant à l'ancienne, ses ruines de briques cuites au soleil ne lui promettaient pas une *antiquité* bien imposante.

n'avait doublé le cap Horn et n'était arrivé au Chili, comme *la Boussole* et *l'Astrolabe*, sans avoir de malades ; et il n'y en avait pas un seul sur nos deux bâtiments. » A part les soins du capitaine, des chirurgiens et des officiers, rien n'avait été épargné, pour arriver à ce résultat. Aucune des mesures que l'expérience ou la prudence pouvaient suggérer n'avait été négligée : excellence des vivres, dessèchement et *parfumage* des entreponts ; distribution du travail telle, que, dans les belles mers au moins, un repos de huit heures succédât à quatre heures d'activité ; *branle-bas* tous les jours, de huit heures du matin au coucher du soleil ; enfin, soin d'entretenir la gaîté de l'équipage, et pour cela, chaque soir, de huit heures à dix, lorsque le temps le permettait, de la musique et de la danse.

Le 24, La Pérouse laisse tomber l'ancre dans l'anse la plus sûre de la baie, celle du village de *Talcaguana*. Une lettre du gouverneur, accompagnée de l'envoi de tous les rafraîchissements désirables, lui annonce aussitôt que les Français seront reçus comme des compatriotes. Retenus le premier jour par les soins dus à leurs bâtiments et par l'établissement d'un observatoire à terre, les voyageurs se rendent le lendemain à la ville. Un détachement de dragons les précède ; toutes les autorités viennent au devant d'eux. Le dîner, précédé d'une visite à l'évêque, est suivi d'un grand bal. Un seul homme manquait à cette fête : un Irlandais qui avait réussi à se concilier la confiance des Indiens du Chili, non plus tels que les trouva *Valdivia*, l'un des compagnons de Pizarre, qui fit la conquête du Chili et en devint capitaine général, mais transformés (par l'introduction des chevaux, des bœufs et des moutons) en pasteurs nomades et guerriers, comme les Urales et les Tartares. M. *Higuins* était alors retenu à la frontière. La paix conclue par lui vers le même temps lui permit de se rendre bientôt à ses désirs et à ceux des Français.

« Je ne puis, écrit La Pérouse qui se peint ici lui-même,
je ne puis me refuser au plaisir de faire connaître ce loyal
militaire dont les manières sont si fort de tous les pays.
Comme les Indiens, je lui avais donné ma confiance après
une heure de conversation. A peine recevais-je sa lettre
qu'il arriva à *Talcaguana*. M. Higuins, chargé de la défense
du pays, était d'une activité sans égale. Il renchérit encore,
s'il était possible, sur les politesses de M. *Quexada* (le gouverneur) ; elles étaient si vraies, si affectueuses pour tous
les Français, que nulle expression ne pouvait rendre nos
sentiments de reconnaissance. Comme nous en devions à
tous les habitants, nous résolûmes de donner une fête générale avant le départ, et d'y inviter toutes les dames de la
Conception. Une grande tente fut dressée sur le bord de la
mer ; nous y donnâmes à dîner à cent cinquante personnes,
hommes et femmes, qui avaient eu la complaisance de faire
trois lieues pour se rendre à notre invitation. Ce repas fut
suivi d'un bal, d'un petit feu d'artifice, et enfin, d'un ballon
assez grand pour faire spectacle. »

« *Le lendemain*, ajoute La Pérouse, *la même tente nous
servit pour donner un grand dîner aux équipages des deux
frégates. Nous mangeâmes tous à la même table, M. De
Langle et moi à la tête, chaque officier jusqu'au dernier
matelot, rangés suivant le rang qu'ils occupaient à bord, nos
plats étaient des gamelles des bois. La gaîté était peinte sur le
visage de tous les matelots. Ils paraissaient mieux portants et
mille fois plus heureux que le jour de notre sortie de Brest.* »
M. Higuins, à son tour, donne, à la Conception, une fête
aux voyageurs. Un improvisateur franciscain célèbre, pendant le repas, l'union de la France et de l'Espagne. Un
grand bal termine encore cette journée.

Il n'est pas de terrain plus fertile que celui de cette partie
du Chili. Les campagnes sont couvertes de troupeaux
innombrables, qui n'exigent d'autre soin que celui de les

enclore dans leurs pâturages. Le prix ordinaire d'un gros bœuf, était en 1786, de huit piastres; celui d'un mouton, de trois quarts de piastre. Aucune maladie n'est particulière à cette côte, et lors du passage de La Pérouse, *la Conception* comptait plusieurs centenaires. Le Chili ne faisait alors aucun commerce, à peine pouvait-il, avec son or et ses minces objets d'échange, solder les produits manufacturiers obtenus de seconde et de troisième main et grevés de droits énormes à Cadix ou à Lima, avant d'être imposés à l'entrée du Chili même. Les habitants dispensés de tout apprentissage par le lavage du sable des rivières, laissaient les terres en friche pour chercher de l'or. Les maisons même les plus riches étaient sans meubles; les habits de gala se transmettaient par héritage; tous les ouvriers venaient du dehors.

Le 15 mars, les Français se séparent de leurs aimables hôtes. Les vents du nord les retiennent deux jours en rade; puis le calme les arrête jusqu'au 19 à deux lieues de la baie. Toute la nuit, des baleines se pressent autour des frégates, jetant l'eau à bord, en soufflant.

Le 4 avril, La Pérouse n'était plus qu'à soixante lieues de l'île de Pâques; il ne voyait pas d'oiseaux; les vents étaient au nord-nord-ouest. « Il est vraisemblable, écrit-il, que si je n'avais pas connu avec certitude la position de cette île, j'aurais cru l'avoir dépassée. J'ai fait ces réflexions sur les lieux et je suis contraint d'avouer que les découvertes d'îles ne sont dues qu'au hasard et que très-souvent des combinaisons, fort sages en apparence, en ont écarté les navigateurs. »

Quatre jours après, il avait connaissance de *l'île de Pâques*, distante encore de douze lieues dans l'ouest. Pendant la nuit du 8 au 9, il longe la côte à trois lieues de distance, puis fait route, au jour, vers la *Baie de Cook* (côte occidentale de l'île), seul mouillage à l'abri des vents du

sud-est et d'est. Les insulaires suivent les frégates à la nage,
à une lieue au large. Quelques-uns montent à bord et
voient, sans effroi, le bâtiment qui les porte changer de
position et menacer, ce semble, de les arracher à leur pays.
Nus et sans armes, ils gardent le même air riant. Une
ficelle autour des reins sert à fixer un paquet d'herbes. Leur
physionomie est généralement agréable, mais elle n'a pas
de caractère qui lui soit propre (1). La Pérouse répond à
leur confiance par des présents ; ils préfèrent les morceaux
de toile aux clous, aux couteaux, aux grains de verre, mais
ce qu'ils recherchent par-dessus tout, ce sont les chapeaux.
Malheureusement ce désir si naturel sur une terre tropicale
dépourvue de bois, n'avait pas été prévu. Assurés le soir,
par signes, que les étrangers leur rendront visite le lendemain, ils s'embarquent dans le canot en dansant, puis, à
deux portées de fusil du rivage, se jettent à la mer à l'endroit où la lame brise avec le plus de force, portant chacun
sur leur tête le petit trésor qu'ils viennent d'acquérir.

ILE DE PAQUES.

A la pointe du jour, les deux commandants, les officiers,
et les hommes de l'équipage qui ne sont pas nécessaires au
service des frégates, descendent à terre au nombre de

(1) « A la couleur près, écrit *Rollin*, le chirurgien-major de la *Boussole*, la
face n'offre pas de différence avec celle des Européens. Ils sont, ajoute-il,
peu velus et peu barbus. La couleur de la peau est basanée ; les cheveux
sont noirs; quelques-uns (descendants peut-être des compagnons du Hollandais Roggewein, qui découvrit cette île le *jour de Pâques* de l'année 1722) les
ont blonds. Leur taille est d'environ cinq pieds quatre pouces, et bien propor-
tionnée. Le lobe de l'oreille, percé et distendu par les tuyaux de feuilles de
cannes dont est remplie l'ouverture, descend jusqu'à l'épaule. Ils sont tous
circoncis. »

soixante-dix, avec une sorte d'appareil guerrier. Quatre ou cinq cents insulaires les attendent sur le rivage, tous sans armes, quelques-uns les épaules ou les hanches couvertes de bandes d'étoffes blanches et jaunes, la plupart totalement nus; plusieurs parés de divers tatouages, et le visage peint en rouge; leurs cris expriment la joie; ils tendent la main aux étrangers et les aident à sortir des canots.

L'île est, dans cette partie, élevée de vingt pieds environ; les montagnes atteignent quatorze à quinze cents mètres dans l'intérieur; et du pied de ces montagnes, le terrain s'abaisse en pente douce vers la mer. Cet espace est couvert d'un tapis de verdure qui cache de grosses pierres posées de distance en distance sur le sol. C'est à ces pierres que la terre doit sa fraîcheur; ces pierres suppléent en partie aux ombrages dont cette île est privée. Les habitants de l'île de Pâques ont moins à se plaindre des éruptions de leurs volcans que de l'ignorante imprudence de leurs ancêtres, qui, en abattant les arbres de leurs montagnes, abattirent les condensateurs de la distillation des nuages; sous cette latitude, les arbres ne repoussent pas, à moins d'être abrités des vents de mer par d'autres arbres, ou par des murailles. « Cependant, écrit La Pérouse, ce peuple m'a paru moins malheureux qu'au capitaine *Cook* et à M. *Forster*. Ceux-ci arrivaient dans cette île, après un voyage long et pénible, manquant de tout, malades du scorbut. Ils n'y trouvèrent ni eau, ni bois, ni cochons. Quelques poules, des bananes, et des patates sont de bien faibles ressources dans ces circonstances. Leur relation porte l'empreinte de leur triste situation. »

Une enceinte fut réservée sur le rivage, au moyen d'un cercle de soldats armés; une tente fut dressée au milieu, bientôt entourée de plus de huit cents insulaires, entre lesquels se voyaient environ cent cinquante femmes également nues, de figure agréable. Sans défense, en raison des ordres du capitaine, contre cette foule croissante, les soldats se virent bientôt enlever leurs chapeaux et leurs mouchoirs. Les femmes s'offraient d'elles-mêmes aux étrangers, et les hommes engageaient leurs hôtes à ne point se refuser à leurs off:es, prenant du reste, comme elles, occasion de la moindre distraction pour dérober quelque chose. « Comme nous devions partir dans la nuit, écrit La Pérouse, et qu'un si court espace de temps ne nous permettait pas de nous occuper de leur éducation, nous prîmes le parti de nous amuser de leurs ruses. Pour ôter tout prétexte aux voies de fait, je fis annoncer que je ferais rendre aux soldats et aux matelots les chapeaux qui seraient enlevés. » Trois ou quatre insulaires seulement, sur un si grand nombre, portaient une espèce de massue de bois. Quelques-uns semblaient d'abord avoir une légère autorité sur les autres · La Pérouse leur attache au cou la médaille de l'expédition ; mais il s'aperçoit bientôt que ces prétendus protecteurs de l'ordre poursuivent les voleurs de mouchoirs avec intention de ne pas les atteindre. « Aucun de nous n'y a distingué de chef, » écrit *Rollin*, dans son rapport sur cette île.

La tente reste sous le commandement de *D'Escures*. Les officiers, savants et artistes se divisent en deux troupes : l'une visite avec *De Langle* l'intérieur de l'île ; l'autre, avec La Pérouse, se borne à parcourir le voisinage.

C'est à peine si la dixième partie des terres était cultivée. La Pérouse pense que trois jours de travail suffisent à chaque habitant pour lui procurer la subsistance de l'année. Ils vivent de patates, d'ignames, de cannes à sucre, et d'un petit fruit qui se trouve sur les rochers au bord de la mer, pareil aux *grappes de raisin* que l'on voit dans l'Atlantique, aux environs du tropique. Leurs poules, en petit nombre, ne peuvent être comptées pour une ressource. L'île ne présente aux Français aucun oiseau de terre, et les oiseaux de mer y sont rares. La côte paraît peu poissonneuse, et il ne semble pas y avoir un seul courant d'eau dans toute l'île. Le rat en était le seul quadrupède, avant l'arrivée de La Pérouse.

Les champs parurent à nos voyageurs, cultivés avec beaucoup d'intelligence ; ils étaient tous de forme rectangle, sans aucune enceinte. Les herbes arrachées, mises en tas et brûlées, fertilisaient la terre de leurs cendres ; les bananiers étaient alignés en quinconce. Comme aux *îles de la Société*, les aliments étaient cuits dans un trou creusé en terre, sorte de four revêtu de pierres volcaniques, mais sans voûte.

On ne peut douter de l'identité de ce peuple avec celui des îles les plus orientales de la Mer du Sud, même langue, même physionomie, mêmes arts (1), mêmes étoffes d'écorce de mûrier ; la sécheresse avait presque entièrement détruit ces arbres ; ceux qui avaient pu résister n'excédaient pas en hauteur les murs de trois à quatre pieds élevés pour les abriter. Cette île avait eu sans doute, à une autre époque, les mêmes animaux que les îles de la Société, et l'homme de qui la nature se prête aux exigences les plus diverses, l'homme avait pu seul survivre aux arbres auxquels il devait les sources d'eau vive. « J'ai vu, dit La Pérouse, les naturels de l'île de Pâques, boire de l'eau de mer comme les albatros du cap Horn. » Des trous au bord de la mer

(1) Mais avec beaucoup moins de moyens de les exercer. Les pirogues, de même forme aussi, étaient faites de bouts de planches étroites de quatre à cinq pieds de long, et ne pouvaient porter plus de quatre hommes. « Je serais peu surpris, écrit La Pérouse, que bientôt il n'en restât pas une seule. Ils ont d'ailleurs appris à s'en passer. Par la plus grosse mer, ils nagent à deux lieues au large, et se font un plaisir de prendre terre à l'endroit où la lame brise avec le plus de force. » L'intérieur des maisons offrait seulement les nattes que les habitants étendent sur la terre pour se coucher ; des paniers de jonc, des chapeaux de jonc et de petites figures en bois, passablement travaillées.

renfermaient un peu d'eau saumâtre ; les habitants l'offraient à leurs hôtes dans des calebasses ; mais elle rebutait les plus altérés.

Les productions de la terre semblaient cultivées et récoltées en commun ; les maisons étaient communes, au moins à tout un district. L'une de ces maisons, alors en construction, au voisinage de la tente, avait trois cents dix pieds de long, dix pieds de large, et dix pieds de haut vers le milieu. Sa forme était celle d'une pirogue renversée. Elle était portée sur un socle de pierres volcaniques légères et spongieuses, de dix-huit pouces d'épaisseur, dans lesquelles s'implantaient des perches repliées en berceau. Des paillassons en jonc recouvraient l'espace resté entre ces perches et, composant à la fois le toit et la muraille, garantissaient parfaitement de la pluie. Cette maison, destinée au logement de plus de deux cents personnes, était contiguë à deux ou trois autres plus petites.

La Pérouse, de retour à bord (1), afin que M. *De Clonard*, son second, pût à son tour descendre à terre, sut bientôt que les Insulaires venaient de commettre un nouveau larcin, suivi d'une querelle assez vive. Les plongeurs avaient coupé, sous l'eau, le petit câble du canot de *l'Astrolabe* et enlevé son grappin. « Comme ce grappin, dit-il, nous était nécessaire, deux officiers et plusieurs soldats poursuivirent le voleur. Mais ils furent accablés d'une grêle de pierres. » Un coup de fusil à poudre ne fit aucun effet. Un coup de fusil à petit plomb fit cesser la lapidation, mais ne fit pas revenir le grappin. « Les Indiens, ajoute La Pérouse, revinrent bientôt autour de notre établissement ; et nous fûmes

---

(1) Il s'était vu enlever son chapeau par l'Indien même qui l'avait aidé à descendre de la plate-forme de l'un des bustes gigantesques qui bordent la côte : « Je ne le fis pas poursuivre, écrit-il, ne voulant pas avoir le droit exclusif d'être garanti du soleil. »

aussi bons amis qu'à la première entrevue. Enfin, à six heures du soir, tout fut rembarqué. »

———

Avant de nous embarquer aussi, disons quelques mots des choses que De Langle et ses compagnons avaient vues dans l'intérieur de l'île. Ils avaient d'abord visité plusieurs plantations d'ignames et de patates dont le sol leur parut très-propre à la culture des graines qu'ils portaient. Le jardinier y sema des choux, des carottes, des betteraves, du maïs, des citrouilles, en faisant entendre aux habitants que ces graines leur donneraient des fruits et des racines : « Il nous entendirent parfaitement, écrit *De Langle*, et dès-lors nous désignèrent les meilleures terres, nous montrant eux-mêmes la place où ils désiraient voir nos plantations. Nous ajoutâmes aux légumes des graines d'oranger, de citronnier, de cotonnier, leur faisant entendre qu'il en naîtrait des arbres plus élevés que leurs mûriersà papier. » Plus loin les promeneurs remarquèrent de vastes champs d'une espèce de morelle ; puis continuèrent leur route vers les montagnes qui, bien qu'assez élevées, se terminent toutes en une pente facile et verdoyante, sans porter trace de ravins ni de torrents. Après avoir fait deux lieues à l'est, ils tournèrent vers le sud, dont la côte leur avait paru, en mer, bordée d'un plus grand nombre de bustes gigantesques. Plusieurs de ces bustes étaient renversés ; d'autres se dressaient sur une plate-forme à demi ruinée. Le plus grand avait seize pieds dix pouces de haut, en y comprenant l'espèce de *chapeau sans bord* tenu en équilibre au-dessus de la tête, lequel, de lave rouge extrêmement poreuse, avait trois pieds et un pouce. La largeur de ce buste, aux épaules, était de six pieds sept pouces, et son épaisseur, par le bas, de deux pieds sept pouces. Tous ces bustes étaient d'une pierre volcanique plus ou moins poreuse; le côté qui regardait l'intérieur de l'île (côté de la face) était revêtu de la pierre la plus légère, et le côté tourné vers la mer, de la pierre la plus compacte. Les Français ne virent dans l'île aucun instrument pour la taille de ces pierres. La plate-forme, à deux ou trois degrés, était formée de pierres volcaniques, assez régulièrement équarries et assemblées sans ciment. Ces bustes (dont l'atlas de la Relation contient une vue très-exacte, d'après un dessin de *Duché*), paraissaient tous très-anciens. Plusieurs plates-formes montraient, sur le talus de leurs gradins, des espèces de bas-reliefs figurant des squelettes couchés. D'anciens habitants de l'île reposaient en effet sous cette tombe commune. L'esplanade à parapet, au milieu de laquelle était élevée la plate-forme, offrait l'entrée d'un corridor étroit, conduisant à un souterrain creusé de main d'homme dans la roche poreuse ou bien à une caverne naturelle, où se voyaient beaucoup d'ossements humains Les bustes dressés au-dessus de ces cimetières souterrains appartenaient à l'époque où, par suite de circonstances faciles à conjecturer, les habitants avaient des chefs dont la mémoire pût être consacrée sous une forme exceptionnelle. Lors du passage de La Pérouse, toutes les traces d'inégalité hiérarchique paraissaient effacées. La population de l'île semblait parfaitement homogène; et l'isolement de *Waïhou* au milieu de l'Océan, la préservait encore de toute attaque extérieure. Aux bustes sculptés avaient succédé des tas de pierres de forme pyramidale qu'un homme pouvait élever en une heure, et que tout mort pouvait espérer de ses frères. Les insulaires, se couchant à terre, puis se relevant, le doigt vers les nuages, exprimèrent assez clairement que ces tas de pierres étaient, comme les bustes, des commémorations funèbres, dressées au-dessus de cimetières souterrains. « Nous n'avons cependant vu la trace d'aucun culte, écrit La Pérouse; car je ne crois pas que personne puisse

prendre ces statues pour des idoles, quoique les Indiens
aient montré une espèce de vénération pour elles. »

Outre les maisons de bois et de jonc, l'ingénieur Bernizet
en décrit plusieurs construites en pierre brute et sèche,
dont l'atlas montre la forme ellipsoïde. Le toit était fait d'une
suite de traverses légèrement cintrées et formées chacune
d'une seule pierre. Des cases souterraines étaient au-dessous, dans lesquelles les habitants emmagasinaient leur
bois, leurs ustensiles, leurs aliments. Ils trouvaient encore
un abri sous des rochers creux, où des percées étaient faites
pour la circulation de l'air. Ces retraites naturelles paraissaient être leurs habitations d'été.

Auprès du dernier buste se voyait une espèce de manne-
quin de jonc, figurant une statue humaine de dix pieds de
haut, recouvert d'une étoffe blanche du pays, la tête de
grandeur naturelle, le corps mince, les jambes dans des
proportions assez exactes. Au cou de cette statue pendait
un filet revêtu d'étoffe blanche qui parut contenir de l'herbe.
A côté était une figure d'enfant, de deux pieds de long, dont
les bras étaient en croix et les jambes pendantes. Autour
de cette même plate-forme se voyait un double parapet
formant une enceinte de cent vingt-huit mètres de long,
sur cent huit mètres de large. Plus loin, une vingtaine d'enfants regagnaient leur commune demeure sous la conduite
de quelques femmes.

A l'extrémité de la pointe sud de l'île, les Français découvrirent le cratère d'un ancien volcan qui, par sa grandeur,
sa profondeur, la régularité de sa forme, les frappa d'étonnement. « Ce cratère, écrit De Langle, a la forme d'un cône
tronqué. Sa base supérieure qui est la plus large, paraît
avoir plus de deux tiers de lieue de circonférence. On peut
estimer l'étendue de sa base inférieure en supposant que les
côtés du cône font avec la verticale un angle d'environ
trente degrés. Cette base inférieure forme un cercle parfait;

le fond est marécageux (1); on y aperçoit plusieurs lagunes d'eau douce dont la surface nous parut au-dessus du niveau de la mer. La profondeur de ce cratère est au moins de huit cents pieds. » Ce cratère était ouvert latéralement, par une haute et large brèche, du côté de la mer. De ce même côté, au bord de la mer, un buste colossal, presque entièrement déformé par le temps, attestait qu'il y avait plusieurs siècles que le volcan était éteint.

Plusieurs fois, dans le chemin, les Français s'étaient vu offrir des patates et des cannes à sucre. Mais, en retour, leurs hôtes n'avaient jamais manqué une occasion de jouer, à leur égard, le jeu des enfants de Sparte. Cette journée si bien remplie se termine par la remise solennelle à trois habitants, des trois couples destinés à peupler cette île d'animaux utiles. « Je ne compte guère, écrit La Pérouse, que les cochons dont je leur ai fait présent se perpétuent; mais j'espère que les chèvres et les brebis qui boivent peu et aiment le sel, réussiront. » Notez que ces insulaires qui enlevaient aux étrangers tout ce qu'ils pouvaient, mouchoirs, chapeaux, épée, papier, lunettes, puis se sauvaient par volées (2) pour revenir ensuite *comparables*, comme le dit Rollin, *à des écoliers qui mettent leur plaisir à faire toutes sortes d'espiègleries aux passants*, notez, dis-je, que ces mêmes insulaires examinaient avec le plus grand soin, à bord, les câbles, les ancres, la boussole, la roue du gouver-

---

(1) Le père *Receveur*, qui descendit dans cette vallée, la trouva bordée des plus belles plantations de mûriers et de bananiers. Les voyageurs virent au fond du cratère les seuls oiseaux qu'ils aient rencontrés sur l'île, des hirondelles de mer.

(2) Instruits des conséquences de leurs larcins, d'abord par les menaces des Français, puis précédemment par *Cook*, qui pourtant les traita pendant huit jours (en mars 1774) avec une douceur assez rare de sa part, puis antérieurement encore, par *Roggewein*, qui leur apprit à coups de fusil la moralité européenne, — le seul geste d'un fusil en joue les faisait fuir.

nail, et que par deux fois ils revinrent prendre avec une
ficelle la mesure des frégates.

L'une des gravures de l'atlas, d'après une peinture de
Duché, représente une douzaine d'indigènes, hommes et
femmes, presque exclusivement occupés de s'enrichir furti-
vement aux dépens des Français dont l'attention est, en ce
moment, à l'un des bustes colossaux de l'île. Le portrait
des femmes est parfaitement d'accord avec la description de
Rollin. Le gracieux ovale de leur visage, la douceur et la
finesse de leurs traits, leur chevelure libre et flottante, le
calme et la souplesse de leurs mouvements ; cet attrait naturel de la sérénité et de la franchise, si fort en contraste avec
les corsets d'or et d'argent, les doubles mantilles et les
énormes paniers de la Conception ; ces pieds nus, dont la
vue soulage quand on vient de voir les *pieds ronds* du
Chili, aux doigts barbarement repliés, — tout cela fait dire
au grave Docteur qu'il ne manque aux sauvageresses de
l'île de Pâques pour être belles, comme la Grèce entendit
la beauté, que d'être blanches.

Le 10 avril, au soir, La Pérouse s'éloigne vers le nord, au
clair de lune, espérant peut-être que les habitants auxquels
il vient de faire des dons si précieux attribueront, le lendemain, ce prompt départ à leur propre ingratitude. Ce n'est
que le 11, à deux heures, et à vingt lieues de distance, que
les frégates perdent la vue de ces montagnes abandonnées
au milieu des mers.

Le besoin d'éclaircir quelques points de géographie rela-
tifs aux îles de *Mesa* (de la *table*), de *Los Majos*, de la
Disgraciada, décide La Pérouse à faire route au nord-ouest.
Son opinion était que la *Mesa* n'était autre que la plus orientale des îles Sandwich. Le résultat, s'il était dans l'erreur,
devait être de retrouver un second groupe d'îles oubliées
des Espagnols depuis plus d'un siècle. « Ceux qui connaissent mon caractère, écrit-il, ne pourront soupçonner que

·j'aie été guidé dans cette recherche par l'envie d'enlever
au capitaine Cook l'honneur de cette découverte. » Il est
beau de voir, sur le chemin de l'*île Owhyhée* (1), le navigateur français honorer la mémoire de celui qu'il appelle
le Christophe Colomb des îles de la mer du Sud; lui qui doit
aussi, à un titre plus puissant que le succès même, prendre
à son tour possession de cet hémisphère.

Nous coupons pour la seconde fois la Ligne. Le 7 mai,
par 8° de latitude nord, les navigateurs aperçoivent des
pétrels, des frégates, des paille-en-queue ; ils voient beaucoup de tortues passer le long du bord ; les oiseaux et les
tortues les suivent jusque par le 14° ; ce qui annonce le voisinage de quelque rocher inhabité. La Pérouse dirige sa
route de façon à passer en vue de *Rocca partida*, mais en
vain. De là aux îles Sandwich, dans un espace de cinq
cents lieues, il compte à peine deux ou trois oiseaux par
jour.

ILE MOWÉE.

Le 28 mai, il a connaissance des montagnes de l'*île
Owhyhée*, couvertes de neige, et bientôt après de celle de
Mowée, un peu moins élevées que les premières. Arrivant
de l'est, il passe entre ces deux îles. Le lendemain, à neuf
heures du matin, il relève la pointe occidentale de Mowée.
L'aspect de l'île était ravissant à une lieue de distance.
« Nous voyions, écrit-il, l'eau se précipiter en cascades de

(1) C'est sur le rivage occidental de cette île que Cook périt le 14 février
1779. Cette île, la plus méridionale et la plus étendue des îles Sandwich,
figure aujourd'hui sur les cartes sous son nom indigène d'*Hawaii*, et donne
son nom à l'archipel.

la cime des monts, et descendre à la mer, après avoir
arrosé les habitations des Indiens. Ces habitations sont si
nombreuses, qu'on pourrait prendre un espace de trois à
quatre lieues pour un seul village. Toutes sont sur le bord
de la mer. Le terrain habitable semble avoir moins d'une
demi-lieue de profondeur. Il faut être marin, et réduit
comme nous, dans ces climats brûlants, à une bouteille
d'eau par jour, pour se former une idée de ce que nous res-
sentions à ce spectacle. Les arbres qui couvrent les montagnes, le tapis de verdure et les bananiers qui entourent
les habitations, tout produisait sur nos sens un charme
inexprimable. » Malheureusement la mer brisait sur la côte
avec la plus grande force, et ne permettait pas aux navigateurs de s'arrêter.

A la vue des bâtiments, cent cinquante pirogues s'étaient
détachées de la côte, chargées de fruits et de cochons;
bientôt elles abordent; mais les frégates faisant alors deux
lieues à l'heure, les frêles embarcations se remplissent d'eau
le long du bord; la cargaison se disperse; les rameurs se
jettent à l'eau, courent après leurs cochons, les rapportent
dans leurs bras, soulèvent et vident la pirogue, puis cher-
chent à regagner, à force de rame ou de pagaie, la place
qu'ils occupaient auprès des frégates, et que d'autres pirogues ont prise pour la perdre de même. Plus de quarante
pirogues sont ainsi renversées pendant la course des frégates,
sans que les Français puissent se procurer plus de quinze
cochons.

Ces pirogues étaient à balancier. Chacune d'elles portait
de trois à cinq hommes; les moyennes avaient vingt-quatre
pieds de long, un pied de large et un pied de profondeur.
L'une de celles-ci, pesée à bord, n'excédait pas vingt-cinq
kilogrammes.

A mesure que les frégates avançaient, les montagnes
semblaient s'éloigner vers l'intérieur de l'île, qui présentait

alors un amphithéâtre assez vaste, mais d'un vert jaunâtre.
Les chutes d'eau avaient disparu ; les arbres étaient moins
rapprochés dans la plaine ; les villages, composés de dix à
douze cabanes, étaient plus éloignés les uns des autres.
Quand les navigateurs trouvèrent enfin un abri, ils n'avaient
plus sous les yeux d'autres cascades que des cascades immo-
biles de courants volcaniques, sur une plage aride. Un gros
morne, coiffé de nuages, les protégeait contre le vent du
large (1).

Les habitants de cette partie de l'île s'empressèrent de
venir à bord, dans leurs pirogues : apportant des cochons,
des patates, des bananes, des racines de taro et quelques
curiosités en étoffes ou ornements du pays. Il suffit à La
Pérouse de leur dire qu'il est *tabou* (sacré) pour se défendre
de leur empressement, jusqu'à ce que *la Boussole* ait *serré*
les voiles. Dans le même moment, le pont de *l'Astrolabe*
était déjà totalement envahi. « Mais, écrit La Pérouse, ils
étaient si dociles, ils craignaient si fort de nous offenser,
qu'il n'y avait rien de plus aisé que de les faire rentrer
dans leurs pirogues. Je n'avais pas d'idée d'un peuple si
doux, si plein d'égards. » Lorsqu'il leur a permis de monter
sur *la Boussole*, il voit avec étonnement qu'ils n'y font point
un pas sans son agrément ; qu'ils ont toujours l'air de craindre de lui déplaire. Les conditions des échanges étaient
observées avec la plus grande fidélité. Du reste, la cargaison
des pirogues était débitée dans le plus grand détail possible. Les morceaux de vieux cercles de fer étaient les objets

(1) Une gravure jointe à l'atlas, d'après un dessin du jeune *Blondela*, montre
les deux frégates au mouillage sur la côte sud-ouest de l'île, entourées de plusieurs centaines de pirogues, dont le balancier est soutenu par des branches
arquées. Trois ou quatre petits amas de cabanes à double toit incliné, ou à
toit conique, s'aperçoivent sur la plage. Derrière, s'élèvent, en deux étages,
de hautes collines boisées et coniques. Trois dômes se dressent de même à
l'horizon.

les plus recherchés. La descente fut remise au lendemain.

Le 30 mai, à huit heures du matin, quatre canots se dirigèrent des frégates vers la côte ; deux d'entre eux portaient vingt soldats armés, commandés par M. *De Pierrevert;* sur les deux autres étaient les commandants et tous les officiers que le service des bâtiments ne retenait pas à bord. — Cet appareil militaire n'effraie nullement les naturels. Dès la pointe du jour, leurs pirogues sont auprès des bâtiments, et laissent aller les canots que cent vingt personnes environ, hommes et femmes, attendent sur le rivage. Les soldats, débarqués les premiers, réservent un espace autour duquel ils font le service comme en présence de l'ennemi, la baïonnette au bout du fusil. Les habitants ne paraissent pas y faire attention. « Les femmes, écrit La Pérouse, nous témoignaient par les gestes les plus expressifs qu'il n'était aucune marque de bienveillance qu'elles ne fussent disposées à nous accorder, et les hommes, dans une attitude calme et respectueuse, cherchaient à pénétrer le motif de notre visite, afin de prévenir nos désirs. Deux Indiens qui paraissaient avoir quelque autorité sur les autres, s'avancèrent. Ils me firent très-gravement une assez longue harangue dont je ne compris pas un mot, et m'offrirent chacun en présent un cochon que j'acceptai. Je leur donnai à mon tour des médailles, des haches et plusieurs autres outils de fer. Mes libéralités firent un très-grand effet. Les femmes redoublèrent de caresses ; mais elles étaient peu séduisantes; leurs traits n'avaient aucune délicatesse, c leur costume permettait d'apercevoir, chez le plus grand nombre, les traces les plus tristes du passage des Européens dans ces mers. »

Le sol de l'île est tout entier d'origine volcanique. Les habitants du sud-ouest ne buvaient que de l'eau de puits saumâtre, la pente des montagnes ayant dirigé la chute de toutes les pluies vers l'est. Peut-être eût-il suffi d'un travail

de quelques journées pour rendre commun à toutes les
parties de l'île un bien si précieux, mais les habitants
n'étaient pas encore arrivés à ce degré d'industrie. La
Pérouse les trouva cependant très-avancés à beaucoup
d'égards; parmi leurs étoffes de mûrier à papier, il en cite
qui étaient teintes avec beaucoup de goût, et dont le dessin
semblait une imitation de nos indiennes. L'extrême subor-
dination qui régnait parmi ces insulaires, et rendait les
relations des Français avec eux si faciles, annonce assez
que chaque peuplade était régie par un chef; c'est dans les
relations anglaises qu'il faut chercher leur forme de gouvernement.

Après avoir visité le village vis-à-vis duquel il avait pris
terre, La Pérouse s'avance vers l'intérieur, avec ses compagnons et une escorte de quelques soldats. Il voit successivement quatre hameaux de dix à douze maisons carrées,
construites en pailles et couvertes de même, avec un toit à
double pente. La porte, placée au-dessous du pignon,
n'avait que trois pieds et demi de haut, elle n'était fermée
que par une claie de roseaux. Les meubles se réduisaient à
un tapis de natte très-propre, servant de lit et de chaise.
Les seuls ustensiles de cuisine étaient des calebasses très-
grosses, vernies et couvertes de divers dessins en noir;
quelques-unes, formées de plusieurs pièces réunies au
moyen d'une colle qui résiste à l'eau, étaient de très-grands
vases. Les étoffes étaient beaucoup moins rares qu'à l'*île de
Pâques.*

A son retour, La Pérouse est harangué encore une fois,
non plus par des hommes, mais par des femmes qui l'attendaient pour cela sous les arbres du rivage. Le discours
achevé, l'orateur lui offre avec respect plusieurs pièces
d'étoffes, présent auquel il répond par le cadeau le plus précieux, celui de plusieurs belles haches et de quelques livres
de clous.

Peut-être La Pérouse avait-il affaire, dans cette descente, au canton le moins favorisé de l'île. Tout en rendant justice à la prévenance des habitants, tout en se félicitant de leur docilité qui ôte aux voies de fait tout prétexte, ou de leur richesse qui met en peu d'heures sur les frégates plusieurs centaines de cochons et des légumes frais pour plusieurs semaines, il ne peut se défendre de regretter les habitants de l'île de Pâques; leur santé d'abord, puis leur grâce et leur gaîté. « Les femmes, écrit Rollin, ont généralement la taille mal prise, les traits grossiers, l'air sombre; elles sont grosses, lourdes et gauches dans leurs manières. La taille commune des hommes est de cinq pieds trois pouces; ils ont peu d'embonpoint; les traits du visage grossiers, les sourcils épais, les yeux noirs, le regard assuré sans être dur, les pommettes saillantes, l'entrée des narines un peu évasée, les lèvres épaisses, la bouche grande, les dents un peu larges, mais assez belles et bien rangées; les muscles plus fortement dessinés, et la barbe plus touffue que les habitants de l'île de Pâques. » Leurs cheveux noirs étaient relevés de façon à figurer un casque dont la crinière serait rousse. Ils avaient la peau teinte et tatouée; des anneaux au nez et aux oreilles. Le vêtement consistait, chez les deux sexes, en une sorte de tablier court, pendant sur les cuisses, et un coupon d'étoffe autour des épaules. Les voyageurs n'aperçurent aucune trace d'antropophagie.

Quelques heures de relâche, sans interprète, ne permettaient pas de réunir plus de détails. Les Français étaient les premiers Européens qui eussent (du moins en ces derniers temps) mis le pied sur l'*île de Mowée :* « Je ne crus pas devoir en prendre possession au nom du roi, écrit La Pérouse; les usages des Européens sont, à cet égard, trop complètement ridicules. » — « Notre rembarquement, ajoute-t-il, se fit à onze heures, en très-bon ordre, sans confusion et sans que nous eussions la moindre plainte à former contre personne. »

Ce même jour, à cinq heures du soir, l'ancre est levée.
Les navigateurs continuent les relèvements que les Anglais
avaient laissés à faire dans cette partie. Ils passent à l'ouest
de l'île *Tanaï*, puis de l'île *Morotoï;* laissant à gauche l'île
Woahou et le groupe plus occidental encore d'*Atoui* et
d'*Oniñehou.* Le 1er juin, à six heures du soir, ils sont en
dehors de toutes les îles.

Il nous faut à présent remonter avec eux vers le nord, et
faire route vers le *mont Saint-Elie,* côte nord-ouest de l'A-
mérique. L'exploration de cette côte, du mont Saint-Elie,
à *Monterey,* était, en 1787, un travail presque entièrement
neuf : Cook, dans son troisième voyage, n'ayant pu, — sans
cesse repoussé par les vents contraires, — qu'apercevoir des
parties isolées. Le port de *Noutka* était le seul dans lequel il
eût relâché. Par malheur ce travail demandait plusieurs
années et La Pérouse n'avait que deux ou trois mois à y
donner (1).

Jusqu'au 6, les vents d'est continuèrent et le temps fut
beau. Le 9, par 34° de latitude nord, les brumes commen-
cèrent. Il n'y eut pas une éclaircie jusqu'au 14. Les frégates
avaient atteint alors le 41°. L'humidité était extrême. Le
brouillard ou la pluie avait pénétré toutes les hardes des
matelots et pas un rayon de soleil ne venait les sécher. Une
triste expérience avait appris au commandant, à la baie
d'Hudson, que l'humidité froide est l'un des principes les
plus actifs du scorbut. Tous les moyens de dessèchement et
de chaleur furent donc mis en usage. Les vêtements d'hiver
furent repris; une légère infusion de quinquina fut ajoutée
au grog. Pendant ce temps, le charpentier de *l'Astrolabe*
adaptait, selon les plans de De Langle, aux meules dont les
bâtiments étaient pourvus pour moudre le grain, un mou-

(1) Ce travail a été fait, depuis (de 1790 à 1795), par l'un des compagnons de
Cook, l'Anglais *Vencouvert.*

vement de moulin à vent qui pût moudre parfaitement chaque jour deux quintaux de blé. Les frégates chargées tant à Brest qu'au Chili, de blé en grain, avaient été munies de *petites meules de vingt-quatre pouces de diamètre, sur quatre pouces et demi d'épaisseur;* quatre hommes devaient les mettre en mouvement; mais le travail d'une journée ne donnait que vingt-cinq livres d'une farine grossière.

Au milieu des brumes, les vents ne cessaient pas un moment d'être favorables à nos voyageurs. A mesure que ceux-ci approchaient du continent américain, ils voyaient passer des algues d'une forme toute nouvelle pour eux; des tuyaux de quarante à cinquante pieds de long, terminés par une boule de la grosseur d'une orange. Des baleines de la plus grande espèce, des plongeons et des canards sauvages, plusieurs débris d'arbres flottants annonçaient aussi le voisinage de la terre. Le 23 juin, à quatre heures du matin, le brouillard en se dissipant permit d'apercevoir tout d'un coup, une longue chaîne de montagnes couvertes de neige, que l'on eût pu voir de trente lieues plus loin par un temps clair. La Pérouse reconnut le *mont Saint-Elie* de Behring dont la pointe paraissait au-dessus des nuages. La terre élevée au-dessus de l'eau de trois à quatre cents mètres n'offrait qu'un plateau noir et comme calciné, dénué de toute verdure, dont la couleur contrastait étrangement avec la blancheur des cimes. Bientôt, en avant du plateau, apparurent des terres basses prises d'abord pour des îles.

Une brume épaisse enveloppe la terre pendant toute la journée du 25, mais le 26 le temps est très-beau; les frégates suivent la côte à deux lieues de distance; *D'Agelet* détermine la hauteur du mont Saint-Elie, à trois mille neuf cent soixante mètres, et sa position, à huit lieues dans l'intérieur des terres.

Les vents du sud et les brumes continuent. Le temps ne s'éclaircit que le 30. Le même jour, les canots reconnaissent

l'embouchure d'une grande rivière à laquelle La Pérouse
conserve le nom de *rivière de Behring*. Le 1ᵉʳ juillet, il continue de prolonger la côte d'assez près pour en apercevoir
les habitants, à l'aide des lunettes; mais les brisants rendent
le débarquement impossible. Le 2, il relève le *mont Beautemps*, derrière le cap de même nom. Deux heures après, il
a connaissance, à l'est de ce cap, d'un enfoncement qui
semble une baie très-favorable. Deux canots sont envoyés à
la découverte et rapportent les nouvelles les plus satisfai-
santes. La Pérouse se décide à faire route vers la passe.
Bientôt il aperçoit sur les rochers, des hommes qui font vol-
tiger en l'air des manteaux blancs et des peaux d'ours.
Plusieurs pirogues sillonnaient l'eau paisible de la baie
pendant que la mer couvrait d'écume la jetée extérieure.
La Pérouse nomme cette baie le *Port-Français* (1). Figurez-
vous un bassin d'eau dont la profondeur ne peut être
mesurée au milieu, bordé de montagnes à pic d'une hauteur
excessive, couvertes de neige, sans un brin d'herbe sur cet
amas de rochers; pas un souffle de vent sur cette eau. Le
silence n'est troublé que par la chute d'énormes blocs de
glace qui se détachent de trois glaciers différents. La
simple voix d'un homme ou le battement d'aile d'un oiseau
de mer, se font entendre à une demi-lieue de distance.

---

(1) Ce port est à trente-trois lieues nord-ouest de celui de *Los Remedios*
dernier terme de la navigation espagnole, et à environ vingt-deux lieues de
Noutka.

PORT FRANÇAIS.

Le 3 juillet, au matin, les deux frégates jettent l'ancre à l'entrée de ce bassin. Les roches de la passe avaient failli leur être funestes : « Depuis trente ans que je navigue, écrit La Pérouse, il ne m'est pas arrivé de voir deux vaisseaux aussi près de se perdre. » Il est bientôt obligé de chercher un autre ancrage. Les canots envoyés pour sonder la baie font le tour d'une île destinée, ce semble, à l'établissement d'un observatoire et au ravitaillement des navires. Le bois attendait la hache sur le rivage, et des cascades de la plus belle eau tombaient, autour de la baie, de la cime des montagnes, dans la mer. Le fond de la baie était couvert de glaçons ; de chaque côté s'ouvrait un large canal. L'un de ces canaux ne pouvait-il pas être l'embouchure de quelque rivière et communiquer, par elle, entre les montagnes, avec l'un des grands lacs du Canada septentrional (1)?

Les frégates vont mouiller à une portée de fusil de l'île sur laquelle l'observatoire est aussitôt établi. Des tentes y sont dressées pour les voiliers, les forgerons ; l'*arrimage* est refait en entier.

Dès leur entrée dans la baie, les frégates s'étaient vues entourées de pirogues, accourues de toutes parts pour faire des échanges, chose à laquelle les habitants semblaient fort exercés. L'or, pour eux, c'était le fer. Ils acceptaient bien

---

(1) Une course de quelques heures, au milieu des glaces flottantes de l'un de ces canots (course dans laquelle plusieurs officiers gravissent avec des peines infinies jusqu'à deux lieues de glaciers abrupts et coupants, et où l'une des embarcations est renversée par la chute d'un énorme bloc de glace à plus de huit cents mètres) suffit pour détruire cette illusion.

quelques grains de verre, mais seulement pour conclure le marché. Les assiettes et les pots d'étain ne pouvaient, auprès d'eux, entrer en balance avec le moindre clou. Chaque homme avait un poignard de fer pendu au cou, dans un fourreau de peau tannée : c'était leur meuble le plus précieux ; quelques-uns avaient des poignards pareils en cuivre rouge ; le cuivre était même assez commun sous forme de cuillères, de bracelets, de pointe de flèche. Dès le jour de l'arrivée, les Français virent des colliers de grains de verre, preuve de relations directes ou indirectes avec les Russes. Quant au fer indigène, il était aussi facile à couper que du plomb.

Les voyageurs eurent bientôt, à bord, la visite du Chef du principal village. Il parut s'adresser d'abord au soleil, puis fit une longue harangue terminée par une psalmodie analogue au plain-chant de nos églises; les Indiens de sa pirogue l'accompagnaient en chœur. Presque tous montèrent ensuite à bord et dansèrent pendant une heure au son de la voix qu'ils avaient très-juste. Attiré par les présents, dont La Pérouse récompense ses politesses, ce Chef revient chaque jour passer cinq ou six heures à bord.

Dès le premier jour de l'établissement des Français sur l'île, les pirogues s'y rendent chargées d'une quantité considérable de peaux de loutre échangées bientôt contre des haches, des herminettes, du fer en barre. « Je ne crois pas, écrit La Pérouse, qu'il y ait aucune contrée où la loutre de mer soit plus commune que dans cette partie de l'Amérique. » D'énormes quantités de saumon furent aussi troquées contre des morceaux de vieux cercles de fer. Bientôt, toutefois, les indigènes devinrent plus difficiles. Du reste, les échanges ne suffisaient pas à leur passion pour le fer, ils passaient des nuits entières à épier, autour de l'île (1),

_____

(1) Cette île, presque entièrement couverte de bois, n'avait guère moins d'une lieue de tour.

l'occasion de s'en procurer à meilleur compte. Ils y débar-
quaient au milieu des brouillards, traversant un bois épais
où les Français pouvaient à peine pénétrer de jour, et, se
glissant à plat ventre, comme des couleuvres, ils parvenaient, malgré les sentinelles, à dérober quelques effets. Ils
s'introduisirent ainsi dans la tente où couchaient MM. *De
Lauriston* et *Darbaud*, qui gardaient l'observatoire, et enle-
vèrent un fusil garni d'argent ; ils prirent les habits de ces
officiers sous leur chevet sans qu'une garde de douze
hommes, veillant à l'entour, eût pu les apercevoir. La perte
la plus sensible fut celle du cahier des observations astronomiques faites depuis l'entrée des frégates dans la baie.

Ce n'est pas que La Pérouse ne leur eût donné à connaître les terribles moyens de défense qu'il avait en main.
Un coup de canon à boulet avait été tiré devant eux pour
leur apprendre que la fuite même ne les sauverait pas. Une
balle de fusil avait traversé, en leur présence, plusieurs
doubles d'une cuirasse vendue par eux et réputée impéné-
trable ; les chasseurs avaient aussi abattu des oiseaux au-
dessus de leur tête. Quant au vol, La Pérouse avait établi,
parmi les siens, la loi lacédémonienne. Le volé était puni,
et si l'on n'applaudissait pas au voleur, du moins l'on se
faisait une loi de ne rien réclamer, pour éviter toute rixe.
Cette conduite suffisait pour quelques jours de relâche.

Les frégates avaient fait l'eau et le bois nécessaires ;
toutes les études étaient terminées ; la perte du cahier d'observations était en partie réparée ; *Monneron* et le jeune
Bernizet avaient achevé le plan de la baie. Les voyageurs
se proposaient de clore cette relâche par une chasse aux
ours, et de mettre à la voile pour la Chine, sans perdre un
seul jour (1). « Nous nous regardions, écrit La Pérouse,

_____

(1) J'oublie de dire qu'un chef des Indiens, plus paré qu'à l'ordinaire, et en
plus grande compagnie, était venu proposer à La Pérouse, après beaucoup
de chants et de danses, de lui vendre l'île sur laquelle il s'était établi.

comme les plus heureux des navigateurs d'être arrivés à
cette distance sans avoir un seul malade, sans avoir eu un
seul homme atteint du scorbut... »

Il restait à sonder les différentes parties de la baie, tout
en faisant la vérification des relèvements. Cette petite expédition devait être autant une partie de plaisir que d'instruc-
tion et d'utilité. Elle devait se composer d'un canot et de la
biscaï enne de chacune des frégates ; la biscaïenne de *l'Astrolabe*, sous les ordres de l'un des frères La Borde (M. *La
Borde Marchainville*). Dans le canot, M. *Boutin* avait pour
second M. *Laprise-Mouton;* la biscaïenne de *la Boussole*,
placée, ainsi que l'expédition entière, sous les ordres de
M. *D'Escures*, portait les sept meilleurs so'dats du détachement, et le maître-pilote. La Pérouse avait adjoint à
D'Escures M. *de Pierrevert*, l'un de ses officiers les plus
actifs, et le jeune *Montarnal*, son propre parent, sur qui
reposaient ses plus chères espérances. Le bouillant d'Escures
reçut de La Pérouse, outre les recommandations verbales
les plus détaillées et les plus amicales, une note écrite, sur
les précautions à prendre dans le mesurage et le sondage
de la passe, et sur l'heure précise à laquelle ces opérations
pourraient être tentées sans danger. « Si la passe ne brisait
point, y lisait-on, mais qu'elle fût houleuse, comme ce travail n'est pas pressé, M. D'Escures remettrait à un autre
jour de la sonder. Il est probable que le meilleur moment
pour approcher la passe sera à la mer étale, c'est-à-dire à
huit heures et demie... »

La Pérouse se prête à cette plaisanterie intéressée, et donne pour cette île
plusieurs aunes de drap rouge, des haches, des herminettes, du fer en barre,
des clous, puis enterre, au pied d'une roche, une bouteille avec une inscription
et une de ses médailles de bronze. Cet acte se rattache à l'idée qu'il avait
conçue d'abord d'établir dans cette baie une factorerie française pour l'achat
des peaux de loutre à transporter en Chine. Le quatrième volume de la Rela
tion contient un Mémoire écrit plus tard, par lui-même, contre ce projet.

L'expédition partit à six heures du matin... A dix, La Pérouse vit revenir le canot, monté par M. Boutin : la plus vive douleur était peinte sur son visage et ses premiers mots furent, avant même de monter à bord, « *avez-vous vu M. Marchainville?* » — les deux biscaïennes étaient perdues; M. Boutin, avait vu de ses yeux, disparaître celle de *la Boussole!*

D'Escures s'était porté vers la passe, vers sept heures un quart. « Je crois, avait-il crié à M. Boutin, que nous n'avons rien de mieux à faire que d'aller déjeuner, car la passe brise horriblement. — Certainement, » avait répondu celui-ci. Mais il était déjà trop tard; la biscaïenne était entraînée par le reflux. La forme du canot, la fermeté d'âme de Boutin et de Laprise-Mouton, la prompte et intrépide obéissance des matelots, permirent d'user des ressources qui restaient en ce moment suprême. Emportés au milieu des brisants, pendant que la marée sortait avec une vitesse de trois à quatre lieues à l'heure, ils présentèrent à la lame l'arrière de leur chaloupe. Bientôt ils se trouvèrent dans la grande mer; vainement ils parcoururent le bord des brisants dans l'espoir de sauver quelqu'un; vainement ils s'y réengagèrent, repoussés par la marée. Vainement, afin de voir de plus haut encore que du sommet des lames, Boutin monta sur les épaules de Laprise-Mouton : il n'aperçut rien que les manteaux agités par les Américains sur la côte. « *M. De La Borde Marchainville, écrit-il, était à un quart de lieue en-dedans de la passe, au moment où j'y fus entraîné; je ne l'ai pas vu depuis ce moment : mais tous ceux qui le connaissent, savent ce que son caractère noble et courageux l'a porté à faire. Il est probable que lorsqu'il a aperçu nos deux canots au milieu des brisants, ne pouvant concevoir comment nous y avions été entraînés, il a supposé ou un câblot cassé ou des avirons perdus; dans l'instant il aura nagé pour venir à nous jusqu'au pied des premiers brisants : nous voyant*

*lutter au milieu des lames, il n'aura écouté que son courage
et il aura cherché à franchir les brisants pour nous porter
secours en-dehors, au risque de périr avec nous.* »

Bientôt De Langle, désespéré, vint apprendre à La Pérouse
que le malheur était encore plus grand qu'il ne croyait. Il
avait manqué ce jour-là même à la plus sainte de toutes les
promesses, à la promesse sur laquelle reposait la sécurité
d'un père. Il s'était fait une loi inviolable de ne jamais
détacher les deux frères La Borde pour une même corvée,
et dans cette seule occasion, il avait cédé à leur désir d'aller
se promener et chasser ensemble! — Les pirogues accou-
rurent, faisant entendre par des signes expressifs que les
Indiens avaient vu périr les hommes des deux canots et
que tout secours avait été impossible ; comblés de présents,
ils se répandirent sur les bords de la baie et sur les côtes
de la mer. Une chaloupe commandée par *M. De Clonard*, se
rendit vers l'est. Une autre, commandée par *De Langle* se
porta vers l'ouest. Pas le plus petit débris ne fut jeté sur la
plage. « Le retour de nos canots et de nos chaloupes, écrit
La Pérouse, acheva de nous jeter dans une consternation
que les expressions les plus fortes ne sauraient rendre... Le
temps, écrivait-il plus tard, n'a pu calmer ma douleur ; et
je ne crains pas de laisser connaître que mes regrets ont été
depuis cet événement accompagnés de mes larmes (1). » La
fatale erreur de D'Escures lui était sans cesse présente :
« Un homme de trente-trois ans, s'écriait-il, un homme qui
avait commandé des frégates de guerre! »

La Boussole et *l'Astrolabe*, non plus à la même place,
mais rapprochées de l'entrée de la baie et du village amé-

(1) « J'ai perdu dans cette occasion, dit-il ailleurs, le seul parent que j'eusse
dans la marine. C'était, parmi tous ceux qui avaient navigué avec moi, le jeune
homme qui avait montré les plus grandes dispositions pour son métier; il me
tenait lieu de fils, et je n'ai jamais été aussi vivement affecté. MM. *De La
Borde, de Pierrevert, de Flassan,* étaient aussi des officiers d'un grand mérite. »

ricain, restent dix-huit jours encore à ce port funeste, d'abord pour rapporter aux familles des naufragés une triste certitude, puis à cause des vents contraires. Les Français érigent à la mémoire de leurs malheureux compagnons un monument sur la côte méridionale de l'île et donnent à cette île même le nom d'*île du Cénotaphe*. Voici les noms des officiers, soldats et matelots naufragés.

De *la Boussole* : *D'Escures, de Pierrevert, de Montarnal; Lemaitre*, premier pilote; *Lieutot*, caporal et patron ; *Prieur, Fraichot, Berrin, Bolet, Fleury, Chaub*, tous sept soldats; le plus âgé n'avait pas trente-trois ans.

De *l'Astrolabe* : *De La Borde* Marchainville, *De La Borde* Bouthervilliers (1), *de Flassan; Soulas*, caporal et patron ; *Philiby, Julien le Penn, Pierre Rabier*, tous quatre soldats; *Thomas Andrieux, Goulven Tarreau, Guillaume Duquesne*, tous trois gabiers.

––––––

Le voisinage du village américain et un plus long séjour procurèrent quelques connaissances de plus sur les habitants de cette partie de l'Amérique. « Chaque jour, écrit La Pérouse, nous avions à nous en plaindre, quoique nous n'eussions pas cessé de leur donner des preuves de bienveillance et de patience. »

Le 22 juillet, quelques-uns d'entre eux apportèrent des débris de canots naufragés, et firent entendre qu'ils avaient enterré le corps de l'une des victimes. Largement récompensés, ils conduisirent plusieurs officiers, à trois lieues de là, à travers les bois, puis les abandonnèrent. Cette course fit connaître aux Français des forêts immenses de sapins de quatre à cinq pieds de diamètre, de cent quarante pieds de

(1) Fils du célèbre banquier La Borde, et frères de M. *Alexandre De La Borde*, membre de l'Institut.

haut. Une autre course dans le même but, mais dans une autre direction, avait eu pour résultat de faire assister les marcheurs à une pêche de saumon, sur les bords d'une petite rivière; cette rivière était entièrement barrée de piquets destinés à arrêter le poisson qui remonte et à le faire rebrousser chemin vers des paniers très-étroits, fermés par un bout et placés dans les angles de la chaussée : une fois dans ces paniers, le saumon était à la disposition des pêcheurs. Les voyageurs rencontrèrent aussi un tombeau suspendu, formé d'une petite chambre en planches, portée sur quatre piquets. Cette chambre contenait des coffres remplis de cendres ; la tête était conservée à part dans une enveloppe formée de plusieurs peaux. Les Français remirent toutes choses en place, puis y ajoutèrent des présents. Les habitants, d'abord étonnés et inquiets, laissèrent voir, par la suite, que ces profanations, à ce prix, étaient assez de leur goût.

A côté de l'un de ces tombeaux était une pirogue, non point formée comme les autres, d'un arbre creusé, relevé de chaque côté par une planche cousue au fond, mais semblable aux chaloupes européennes et revêtue d'une enveloppe de peaux de loup marin parfaitement cousue ; cet étui de peau était à côté des coffres de cendres, et la charpente de la pirogue élevée sur des chantiers, restait nue auprès du monument (1). « J'aurais désiré emporter cet étui, écrit La Pérouse ; nous en étions absolument les maîtres. Je suis d'ailleurs persuadé que les naufragés étaient étrangers. Mais il est une religion universelle pour les asiles des morts, et j'ai voulu que ceux-ci fussent respectés. » Les Français avaient, eux aussi, près de là, leur monument funèbre qui leur rappelait éloquemment leur dette envers d'autres infor-

---

(1) Cette charpente avait trente-quatre pieds de long, quatre de large et six de profondeur.

tunes. Ils n'étaient pas les seuls à qui cette mer eût été fatale ! Ils remarquèrent entre autres choses, que, lors du passage des pirogues à l'entrée de la baie, l'un des Indiens ne manquait pas de lever les bras vers le soleil, pendant que ses compagnons ramaient avec force.

« On ne peut douter, écrit La Pérouse, que cet astre ne soit le dieu de ces peuples ; ils s'adressent à lui très-fréquemment ; mais je n'ai vu, chez eux, ni temples, ni prêtres, ni trace d'aucun culte. »

Le climat était beaucoup plus doux, à égalité de latitude, que celui de la *baie d'Hudson.* Le céleri, l'oseille à feuilles rondes, le lupin, le pois sauvage, la mille feuille, la chicorée, le mimulus, étaient très-communs, mêlés à presque toutes les plantes de nos prairies et de nos montagnes, telles que l'angélique, le bouton d'or, la violette. Les bois étaient remplis de fraises, de framboises, de groseilles ; on y trouvait le sureau, le saule nain, différentes espèces de bruyères, le peuplier beaunier, le peuplier liart, le saule marsault, le charme, enfin, ces pins superbes destinés, ce semble, à la mâture des plus grands navires. *Lamartinière* ne rencontra que trois plantes nouvelles.

Les rivières regorgeaient de truites et de saumons. La baie fournissait à nos voyageurs des fletans, quelques-uns de plus de cent livres, de petites vieilles (sorte de morue), des raies, des capelans, des plies ; des moules étaient entassées à profusion sur la plage que la basse mer laissait à nu, et les rochers étaient mailletés de petits lépas (1).

Les chasseurs virent des ours, des martres, des écureuils, et prirent un rat d'eau vivant. Les Indiens vendirent des peaux d'ours noirs et blancs, de lynx du Canada, d'her-

---

(1) *Lamanon* trouva, à plus de deux cents mètres au-dessus du niveau de la mer, des pétrifications de la plus grande dimension, et très-bien conservées, de la *coquille* dite de *Saint-Jacques.* Le sable du rivage ne laissait voir aucune coquille de cette espèce.

mine, de martre, de petit-gris, d'écureuil, de castor, de monax et de renard roux ; ils montrèrent des peaux tannées d'élan et une corne de bouquetin ; la pelleterie la plus précieuse et la plus commune était celle de la loutre de mer, de loup marin et d'ours marin. Les taillis étaient pleins de merles, de gelinottes, de fauvettes, de rossignols, dont le chant rappelait aux navigateurs un autre pays. A ces oiseaux, il faut joindre l'aigle à tête blanche, le corbeau, le martin-pêcheur, un très-beau geai bleu et quelques colibris. L'hirondelle et l'huîtrier noir faisaient leur nid dans le creux des rochers ; le goëland, le guillemot à pattes rouges, le cormoran, quelques canards et des plongeons de la grande et de la petite espèce, étaient les seuls oiseaux de mer.

Les montagnes primitives de granit ou de schiste, couverte d'une neige éternelle ou dénuées d'arbres et de plantes, avaient leur base dans l'eau et formaient sur le rivage une espèce de quai ; leur talus était presque vertical après les quatre à six cents premiers mètres. Toutes les coulées qui les séparaient étaient des glaciers immenses dont le sommet ne pouvait être aperçu, et qui descendaient jusqu'à la mer. A une encâblure de terre, une sonde de cent soixante brasses ne trouvait pas fond.

Les côtés du port étaient formés par des collines de seize à dix-huit cents mètres d'élévation, couvertes de pins, tapissées de verdure. *Lamanon, Lamartinière, Collignon,* l'abbé *Mongez* et le père *Receveur* y montèrent avec beaucoup de fatigue, à une très-grande hauteur, mais ne purent en atteindre le sommet neigeux ; quelques-uns des minéraux recueillis contenaient assez de fer et de cuivre.

De la terre, passons aux habitants. Nous avons déjà vu quelque chose de leurs relations avec les Français : elles furent, si l'on peut dire, exclusivement commerciales. Les échanges les plus favorables, les cadeaux les plus séduisants.

les témoignages les moins équivoques de la longanimité et de la clémence, rien ne put établir entre ces Américains et les étrangers la moindre liaison. Tout entiers au besoin d'acquérir du fer, il semblait que cette préoccupation eût suspendu chez ces chasseurs et ces pêcheurs le cours de toutes les affections humaines. Le moment où les principaux d'entre eux venaient d'être comblés de présents, était souvent celui qu'ils choisissaient pour dépouiller leurs hôtes. Ils paraissaient même indifférents aux caresses par lesquelles les Français avaient soin d'accueillir leurs enfants, et ne voyaient là qu'une occasion de distraction pour la défiance qui les gênait. Une fois ils tentèrent de désarmer les chirurgiens-majors, dans une partie de chasse, mais ne purent y réussir; une autre fois, ils s'attaquèrent au jeune *Lesseps*, qui fut secouru à temps. Du reste, huit ou dix Européens en imposaient sans peine à tout un village.

Chaque village se composait de trois ou quatre appentis de bois, de vingt-cinq pied de long sur quinze à vingt de large, couverts seulement du côté du vent (1), avec des planches et des amas d'écorce. Au milieu, était un feu au-dessus duquel du poisson suspendu séchait à la fumée. Dix-huit à vingt personnes logeaient sous chaque appenti ; les femmes et les enfants d'un côté, les hommes de l'autre. Chaque cabane avait sa pirogue et son chef et déménageait

(1) Les seuls logements solides et un peu considérables que j'aie vus sur cette côte, écrit *Rollin*, sont ceux d'une horde établie sur les bords d'une petite rivière très-poissonneuse, à environ quatre milles de la baie des Français. Ces cabanes étaient construites avec de gros madriers; elles étaient de forme carrée, avaient environ quinze pieds d'élévation et pouvaient contenir trente ou quarante personnes. Les portes en étaient basses, étroites, et s'ouvraient à coulisses. L'intérieur n'offrait rien de remarquable : on y voyait seulement une espèce de gradin, sur lequel des femmes et des enfants étaient occupés à fabriquer des meubles de ménage. »

Nous allons trouver tout à l'heure le modèle de ces maisons sur une côte contiguë à celle de la Sibérie.

tout entière, emportant pour tous meubles plusieurs petits
coffres et quelques paniers, sans que les autres habitants
eussent l'air d'y prendre garde. La Pérouse supposa que
ces Améicains ne venaient là que pour vendre le produit
de leur chasse, et qu'ils passaient l'hiver dans l'intérieur
des terres. Peut-être les peaux de loutre et de castor qu'il
acquit d'eux, afin d'en savoir le prix en Chine, étaient-elles
destinées à des embarcations sibériennes.

Les cabanes étaient d'une puanteur insupportable ; leurs
possesseurs semblaient l'ignorer ; inaccessibles, du même
coup, à toutes les impressions que nous devons à l'odorat.
Ils ne s'éloignaient pour aucun besoin et ne cherchaient,
pour aucun, l'ombre ni le mystère ; ils continuaient la conversation commencée, comme s'ils n'eussent pas eu un
instant à perdre, et, si le fait avait lieu pendant le repas,
ils reprenaient fort gravement leur place, dont ils ne s'étaient
pas écartés de deux mètres. Les vases de bois, dans lesquels
ils faisaient bouillir le poisson en jetant dans l'eau des cail-
loux rougis, n'étaient jamais lavés ; ces vases servaient à la
fois de marmites, de plats et d'assiettes. En guerre perpé-
tuelle avec les habitants de l'air, de l'eau, de la terre (1),
les hommes laissaient aux femmes les aliments végétaux,
les herbages, les fruits, les racines. Ils prenaient (l'été du
moins), en une heure, de quoi nourrir toute une famille, et
passaient le reste de la journée à se disputer des morceaux
de fer à une sorte de jeu de dés qu'ils jouaient avec de
petites bûchettes, tristes, sérieux ou colères. Ils savaient du
reste forger le fer, façonner le cuivre, filer le poil de divers
animaux et fabriquer, à l'aiguille, une sorte de tapisserie,
entremêlant au tissu d'étroites lanières de peau de loutre ;

(1) Le *chien* était le seul animal avec lequel ils eussent fait alliance. Leurs
chiens étaient petits, semblables d'ailleurs au chien de berger, et fort sauvages, sifflant plutôt qu'aboyant. Il y en avait ordinairement trois ou quatre
par cabane.

ils tressaient, avec beaucoup d'art, des chapeaux et des paniers de jonc, y figurant des dessins assez agréables; ils savaient aussi sculpter, en bois ou en pierre, toutes sortes de figures d'hommes ou d'animaux. Leurs coffres étaient marquetés de coquillages, et ils portaient divers bijoux de serpentine parfaitement polie. La plupart de ces travaux était le partage exclusif des femmes.

Les armes étaient le poignard dont nous avons parlé, une lance de bois durci au feu ou bien armée d'une pointe de fer; l'arc et les flèches, ordinairement armées d'une pointe de cuivre. Les Français n'aperçurent aucune trace d'antropophagie.

La taille des hommes était à peu près la nôtre. Les traits de leur visage barbu n'offraient d'autre caractère constant que la dureté du regard. L'ocre, le noir de fumée, la plombagine, mêlés à l'huile de loup marin, leur servaient à se peindre la face et le reste du corps. Les chefs avaient les cheveux longs, poudrés et tressés avec le duvet des oiseaux de mer. Une simple peau couvrait leurs épaules; le reste du corps était absolument nu, à l'exception de la tête qui portait soit un petit chapeau pointu en paille habilement tressée, soit un bonnet à deux cornes et des plumes d'aigle, soit enfin une tête d'ours fixée sur une écuelle de bois. Quelques habitants avaient des chemises de peau de loutre. L'habillement du grand Chef était une chemise de peau d'élan tannée, bordée d'une frange de sabots de daim et de becs d'oiseau dont le cliquetis, quand il dansait, formait une sorte d'accompagnement à ses chants. Ce chef, lors de ses visites, faisait le tour du bâtiment dans sa pirogue, en chantant, les bras étendus Il jouait ensuite, à bord, des pantomimes exprimant ou des combats ou des surprises ou la mort. L'air qui précédait cette danse était agréable et harmonieux.

Les hommes avaient le cartilage du nez et des oreilles

percé et chargé de divers petits ornements ; des cicatrices
sur les bras ou sur la poitrine ; toutes les dents usées au raz
des gencives. Quelques-unes des femmes portaient sur les
bras des dessins de tatouage. Leur habillement consistait
généralement en une chemise de cuir qui descendait à mi-
jambe, fixée seulement par une ceinture et en un manteau
de pelleterie descendant, par derrière, des épaules aux
genoux Presque toutes avaient la poitrine à découvert et,
comme les hommes, marchaient pieds nus. « Quoiqu'elles
vivent sous la domination d'hommes très-féroces, écrit
Rollin, je n'ai pas vu qu'elles en fussent traitées d'une
manière aussi barbare que le prétendent les voyageurs qui
ont exploré le nord-ouest de l'Amérique. J'ai même remar-
qué que dans beaucoup d'occasions, ils avaient pour elles
des égards et des déférences. »

Les Américaines de ces contrées avaient plus de douceur
dans les traits du visage, et, dans les mouvements, plus de
grâce que celles des côtes du Chili ou de la Californie : défi-
gurées toutefois par un usage auquel l'œil des Européens ne
pouvait s'habituer. Toutes sans exception, avaient la lèvre
inférieure maintenue en avant, à deux où trois pouces des
gencives, par un morceau de bois, arrondi, de trois pouces
de long, de deux pouces de large, de six lignes d'épaisseur,
placé entre les gencives et une rainure intérieure de la
lèvre. Les enfants ne portaient rien de tel ; les jeunes filles
avaient seulement un commencement de rainure ; les
femmes mariées avaient seules le morceau de bois. La
pudeur, pour elles, consistait à garder cet ornement, et
lorsqu'elles consentaient enfin à l'ôter, la lèvre inférieure, si
remarquablement distendue, tombait sur le menton, comme
une sorte de tablier charnu.

Lamanon fait remarquer que ces peuples ont plusieurs
articulations qui nous sont absolument étrangères ; ils ne
font aucun usage des consonnes B, F, X, J, D, P, V et

malgré leur talent pour l'imitation, ils ne purent jamais prononcer les quatre premières. Il en fut de même de l'L mouillé et du GN mouillé ; ils articulaient la lettre R comme si elle eût été double. Ils prononçaient le *chr* allemand avec autant de dureté que les Suisses de certains cantons. Ils avaient aussi un son articulé très-difficile à saisir ; on ne pouvait essayer de l'imiter sans exciter leur rire ; il est en partie représenté par les lettres *khlrl*, prononcé en même temps du gosier et de la langue : cette syllabe se trouvait dans le mot *khlrleiès*, cheveux. Aucun de leurs mots ne commençait par R, et presque tous se terminaient par *ou*, *ouls*, *oulch*. « Le grasseyement, continue *Lamanon*, le grand nombre de K et les consonnes doubles rendent cette langue très-dure. Elle est moins gutturale chez les hommes que chez les femmes, qui ne peuvent prononcer les labiales à cause de la rouelle de bois nommée *Kentaga* qu'elles enchâssent dans la lèvre inférieure. » Leurs noms collectifs étaient en très-petit nombre. Le même mot signifiait chez eux *tête* et *visage*, — *chef* et *ami*. Du reste aucune ressemblance de langue avec les habitants de la presqu'île d'*Alaska*, ceux de *Noutka*, les *Groenlendais*, les *Esquimaux*, les *Mexicains*, les *Nadoessis*, les *Chipavas*.

C'est assez nous arrêter ; n'oublions pas le chemin qu'il nous reste à faire.

Le 30 juillet 1786, à quatre heures du soir, les frégates françaises disent adieu à cette terre funeste. De ce jour au 14 septembre, obligé de s'abstenir de toute relâche, La Pérouse se borne, pour ne pas manquer le vent d'ouest, à prolonger la côte du nord au sud, jusqu'au port de Monterey. Sur sa proposition, les officiers des deux frégates décident unanimement que les pelleteries achetées au *Port des Français*, seront vendues en Chine, au profit des seuls matelots.

Les premiers jours, le temps fut couvert et brumeux ; les

navigateurs, à trois ou quatre lieues des basses terres, n'apercevaient les montagnes que par intervalles : c'était assez toutefois pour lier entre eux les relèvements et déterminer le gisement de la côte. Le 4 août, une éclaircie permit de reconnaître l'entrée de *Crossround*. C'est là que cessent les hautes montagnes aux pics neigeux ; au sud de ce point, les terres qui bordent la mer, bien qu'élevées de seize à dix-huit cents mètres, sont boisées jusqu'au sommet. Les cimes neigeuses s'enfoncent dans l'intérieur. « Représentez-vous, écrit La Pérouse, à chaque lieue, des enfoncements dont la vue ne peut atteindre le fond ; des courants pareils à ceux du *Four* et du *Raz* sur nos côtes de Bretagne et des brumes presque continuelles ; vous conclurez qu'une saison tout entière suffirait à peine pour visiter, dans tous les points, vingt lieues de cette côte... j'ai donc été forcé de me borner à assigner la latitude et la longitude des principaux caps » (1).

« Je voyais avec douleur, écrit-il le 22, que depuis notre sortie du Port des Français, nous avions fait bien peu de chemin. Pendant toute cette campagne, mon imagination était sans cesse contrainte de se porter à deux ou trois mille lieues de mon vaisseau, parce que mes routes étaient assujéties ou aux moussons ou aux saisons dans tous les lieux des deux hémisphères que j'avais à parcourir. »

Le 25, il détermine à une lieue et demie de distance, la longitude de la *Pointe boisée* du capitaine Cook. Le 5 septembre, il est par le travers de neuf petites îles, éloignées d'une lieue du *Cap blanc*. Le 7, à quatre lieues de terre, il voit une flamme volcanique très-vive, s'élever de la cime d'une montagne, mais bientôt une brume épaisse vient lui dérober ce spectacle. Du 7 au 11, son horizon ne s'étend pas à deux lieues, et très-souvent il ne s'étend pas même à une

(1) Lettre à Fleurieu, en date du 10 septembre 1787.

portée de fusil. Le 12, à quatre heures du soir, les deux frégates sont complètement enveloppées par la brume qui continue toute la nuit ; ce n'est que le lendemain à dix heures que les Français revoient la terre. « J'en approchai à une lieue, écrit La Pérouse, je vis les brisants très-distinctement ; la sonde rapporta vingt-cinq brasses. Mais, bien que je fusse certain d'être dans la baie de *Monterey*, il était impossible de reconnaître l'établissement espagnol par un pareil temps. » A trois heures du soir, les frégates ont connaissance du Fort et de deux bâtiments à trois mâts mouillés dans la rade. Arrêtées à deux lieues au large, elles reçoivent, la nuit, des pilotes envoyés par le commandant ; les bâtiments espagnols avaient tiré des coups de canon de quart d'heure en quart d'heure pour désigner le mouillage caché par la brume. Pendant cette longue traversée au milieu des brouillards les plus épais, *l'Astrolabe* avait toujours marché à portée de voix de *la Boussole*, « si ce n'est, écrit La Pérouse, lorsque j'ai ordonné à M. De Langle de s'éloigner et de chasser en avant, *sa frégate ayant une grande supériorité de marche sur la mienne.* » Le 14 septembre, l'ancre est jetée.

MONTEREY.

La baie de Monterey comprise entre la *Pointe du nouvel an* au nord et celle des *Cyprès* au sud, a huit lieues d'ouverture et à peu près six lieues de profondeur. La mer y roule jusqu'au pied des dunes de sable dont la côte est bordée, avec un bruit qui s'entend de plus d'une lieue. L'établissement espagnol (Présidio (1)) était à l'est de la

(1) C'est le nom que les Espagnols donnent aux forts élevés en *pays infidèle*, ce nom indique d'ordinaire une garnison sans colonie.

pointe des Cyprès ; la *Mission de Saint-Charles* était, à l'ouest de cette même pointe, à deux lieues du Présidio, près du courant d'eau le plus voisin. Cette baie était alors peuplée d'un nombre prodigieux de baleines dont la familiarité était extrême. Elles soufflaient à chaque minute à demi portée de pistolet des frégates et infectaient l'air de vapeurs fétides. La mer était couverte de pélicans.

Monterey était le siége d'un lieutenant-colonel *gouverneur de la Californie*, c'est-à-dire d'un gouvernement de plus de huit cents lieues de circuit ; les subordonnés de ce gouverneur étaient deux cent quatre-vingt-deux soldats de cavalerie, formant la garnison de cinq petits forts, envoyant des escouades de quatre ou cinq hommes à vingt-cinq paroisses ou missions : forces suffisantes pour tenir dans l'obéissance cent cinquante mille Américains, entre lesquels dix mille environ avaient été baptisés.

Prévenu, par le *vice roi du Mexique*, du passage des frégates françaises, le gouverneur reçut les navigateurs en amis : ses provisions, ses hommes, tout fut mis à leur disposition ; il ne consentit qu'à grand'peine et seulement pour la forme, au paiement des bœufs, des moutons, du grain. Les religieux de la *Mission de Saint-Charles* rivalisèrent, avec lui, de prévenances et de soins. Sur leur invitation pressante, les Français se rendirent à leur établissement, traversant une plaine couverte de troupeaux de bœufs mal abrités, puis gravissant quelques collines : bientôt le son des cloches annonça l'accueil qui les attendait.

« Nous fûmes reçus, écrit La Pérouse, comme des *seigneurs de paroisse* qui font leur entrée dans leur terre. Le président des missions, revêtu de sa chape, le goupillon à la main, nous attendait sur la porte de l'église qui était illuminée comme aux plus grands jours. Il nous conduisit auprès du maître-autel où il entonna le *Te Deum*. » J'oublie de dire que les voyageurs avaient eu à traverser une longue file d'Indiens rangés en haie, hommes et femmes, sur la place; ils les retrouvèrent, en sortant, à leur poste, également impassibles.

L'église, couverte en chaume, était décorée d'un tableau expressif des tortures de l'enfer et d'une peinture un peu pâle des joies du paradis. La maison des missionnaires était en face ; et, à côté, cinquante cases rondes, en paille, de six pieds de haut, servaient au logement de sept cent quarante personnes. La couleur de ces Américains, la maison des religieux, leurs magasins bâtis en briques, le sol uni sur lequel se foulait le grain ; les bœufs, les chevaux, tout rappelait une habitation des colonies à esclaves. Les hommes et les femmes étaient rassemblés au son de la cloche. Un religieux les conduisait au travail, à l'église, à tous les exercices.

Les religieux ne laissèrent rien ignorer à leurs hôtes du régime auquel il leur était enjoint de soumettre leurs disciples : régime qu'ils s'efforçaient de tempérer par leur douceur. L'autorité religieuse était du reste en guerre ouverte avec l'autorité militaire.

Une journée de la Mission vous dira toutes les autres. Le matin, lever avec le soleil ; prière et messe, pendant lesquelles plusieurs femmes faisaient bouillir, sur la place, en trois grandes chaudières, de la farine d'orge dont le grain, avant d'être broyé, avait été grillé, dans des corbeilles de bois, vivement remuées au-dessus du feu; cette bouillie était sans sel ni beurre ; chaque cabane en envoyait prendre sa part dans un vase d'écorce. Au bout de trois quarts d'heure, chacun se rendait au travail sous la surveillance d'un religieux. Les femmes avaient pour département le soin de la cabane et des enfants. C'était à elles à rôtir le grain, puis à l'écraser sous un rouleau. Témoin de la difficulté de cette dernière opération, De Langle leur fit présent d'un de ses moulins. Avec ce secours, quatre femmes

5

purent faire l'ouvrage de cent; et du temps fut acquis au filage de la laine et à la fabrication des étoffes. — A midi, seconde ration de bouillie plus épaisse que celle du matin, et mêlée de pois ou de fèves; puis, travail de deux à cinq heures. Venait ensuite une heure de prière, suivie d'une troisième et dernière distribution de bouillie. Les jours de grande fête, il y avait ration de bœuf. Au nombre des récompenses se trouvaient des distributions de galettes, des permissions de chasse et de pêche (1). Les femmes élevaient quelques poules. Une botte de paille en travers de la porte était la seule fermeture des cases où, du reste, il n'y avait rien à prendre.

Les Indiens baptisés avaient les mêmes cabanes, les mêmes jeux, le même costume que les Indiens nomades. *Les plus riches* portaient un manteau de peau de lout e qui couvrait les reins et descendait au-dessous de l'aine. *Les plus pauvres*, n'avaient sur le corps que le morceau de toile fourni par la pudeur des missionnaires, et un petit manteau court en peaux de lapin. Le vêtement des femmes était un manteau de peau de cerf mal tannée. Les femmes des missions s'en faisaient un petit corset à manche; c'était tout leur costume, avec un tablier de jonc et une jupe de peau de cerf descendant à mi-jambe. Les jeunes filles au-dessous de neuf ans n'avaient qu'une simple ceinture; les jeunes garçons étaient nus.

« Ces Indiens, écrit *Rollin*, sont d'une indolence extrême; sans industrie, peu curieux et presque stupides. Ils portent, en marchant, la pointe du pied en dedans et leur démarche décèle, au premier coup-d'œil, leur pusillanimité. »

Cette partie de la *Californie* est d'une extrême fertilité;

(1) Les chasseurs, armés d'arcs en bois doublés de nerfs de bœuf, et de flèches à pointe de caillou, se glissaient, pour ainsi dire, auprès du gibier, et les plus petits oiseaux ne leur échappaient pas; une tête de cerf, sur les épaules ils s'avançaient, en paissant, jusqu'au milieu des troupeaux de cerfs.

toutefois, en 1786, les arbres fruitiers y étaient encore très-
rares. Le climat diffère à peine de celui de nos provinces
méridionales ; mais les étés y sont d'une humidité plus favorable à la végétation. Les arbres des forêts sont le pin, le
cyprès, le chêne-vert, le platane d'occident. Nul pays n'est
plus riche en poisson et gibier de toute espèce. La loutre de
mer et le loup marin s'y trouvent en aussi grande abon-
dance qu'au nord (1) ; l'on y tue, l'hiver, une énorme quantité d'ours, de renards, de loups, de chats sauvages. Les
taillis et les plaines sont remplis de petites perdrix grises,
huppées, qui vont par troupes de plusieurs centaines. Les
naturalistes ornèrent leur collection des dépouilles d'un
grand nombre de jolis oiseaux, de geais bleus, de mésanges,
de pics tachetés, de troupiales. Entre les oiseaux de proie,
ils trouvèrent un *promérops* que l'on croyait appartenir
exclusivement à l'ancien continent.

Pendant que les frégates se chargeaient de bois et d'eau
(d'assez mauvaise eau, par parenthèse, à cause de l'éloignement de la rivière), les astronomes, les minéralogistes,
les botanistes de l'expédition ne perdaient pas un moment ;
Lamanon, à ses remarques géologiques sur les roches, ajou-
tait des remarques non moins neuves sur les idiomes des
peuplades des environs. Chaque peuplade, isolée de ses
voisines, avait son dialecte à elle. De son côté, *Rollin* recueil-
lait un assez grand nombre de notions sur les maladies qui
affligent cette contrée, et sur le traitement que les habitants
y opposent.

Le 22 septembre, au soir, nos voyageurs prennent congé
de Monterey, non sans laisser aux Indiens de *Saint-Charles*
et aux soldats du Présidio, de précieux souvenirs de leur

(1) On ne peut assez s'étonner que les Espagnols, ayant des rapports si
fréquents avec la Chine par Manille, eussent ignoré jusqu'alors la valeur de
cette précieuse fourrure. C'est au capitaine Cook qu'ils durent ce trait de
lumière.

passage. *Collignon* avait donné aux missionnaires des pommes de terre du Chili, et enrichi le jardin du gouverneur d'un choix de plantes européennes. Retenues le 23 par les vents contraires, les frégates mettent à la voile le 24, avec une brise d'ouest qui semble promettre de les conduire au but. Il ne s'agissait pas seulement, pour elles, d'arriver à la côte orientale de la Chine, il fallait encore y arriver par des routes entièrement nouvelles; leur mission n'était pas celle du Galion d'Acalpulco qui marchait, pour ainsi dire, chaque année dans le même sillon, certain de n'y rencontrer ni vigie ni basse. Leur premier soin devait être d'éviter les routes parcourues, soit pour retrouver quelques-unes des îles signalées jadis par les Espagnols dans leur première ferveur; soit pour effacer les noms que les géographes inscrivent, les uns après les autres, d'après des autorités suspectes; soit enfin pour poser, à l'usage des navigateurs à venir, de salutaires balises sur des écueils inaperçus jusqu'alors.

Le projet de La Pérouse était de se diriger de Monterey au sud-ouest jusqu'au vingt-huitième parallèle, sur lequel les géographes plaçaient l'*île de Nostra Senora de la Gorta*, puis de couper au 20° degré de latitude, et par le 179° degré de longitude, la route du capitaine *Clerke*, dans le retour de la troisième expédition de Cook.

Le 27 octobre, après huit ou dix jours de vents contraires, de pluie et d'orages presque continuels, pendant lesquels il exécute le premier point, il n'a d'autre indice de terre que deux alouettes de mer prises par *l'Astrolabe*, mais si maigres qu'elles pouvaient fort bien être venues des îles Sandwich dont les bâtiments n'étaient plus qu'à cent vingt lieues. La recherche de l'île en question, vers le sud-ouest, ne fut pas plus heureuse. « Nous n'avions aucun malade, écrit La Pérouse; mais notre voyage était à peine commencé relativement à l'espace qui nous restait à parcourir.

Si le vaste plan de notre navigation n'effrayait personne
nos voiles et nos agrès nous avertissaient assez que nous
tenions constamment la mer depuis seize mois. »

Le 3 novembre, une foule d'oiseaux, des diverses espèces
qui s'éloignent peu de terre, tient les équipages en éveil et
le 4, au soir, les frégates ont connaissance d'une île, alors à
quatre ou cinq lieues à l'ouest. Cette île était-elle seule? ou
bien était-elle le premier anneau de quelque longue chaîne?
la nuit se passe en conjectures. Le lendemain vient enfin
apprendre que cette île n'est à vrai dire qu'un rocher d'un
kilomètre de long et tout au plus de cent vingt mètres de
hauteur, qui ne laisse voir aucun arbre, mais beaucoup
d'herbes. Le roc, à nu vers le sommet, et de couleur rou-
geâtre, était tacheté de blanc. Les bords étaient à pans ver-
ticaux comme des murailles, et la mer brisait partout avec
force. Cette île prend sur la carte de La Pérouse le nom
d'*île Necker*. Le 5, par une journée pluvieuse, reconnaissance
et sondage. De belles éclaircies laissent aux navigateurs un
horizon de dix à douze lieues. « Nous n'apercevions rien
autour de nous, écrit La Pérouse; mais le nombre des
oiseaux ne diminuait pas ; nous en voyions des volées de
plusieurs centaines, dans les directions les plus diverses. »

Le même jour, au soir, bien qu'avec beaucoup de précaution, par le vent d'est, La Pérouse fait voile à l'ouest, à la
lumière de lune la plus éclatante. Jamais, depuis son départ
de Monterey, il n'avait eu de plus belle nuit ni de mer
plus tranquille. Tranquillité trompeuse! à une heure et
demie du matin (6 novembre) l'avant de *la Boussole* était à
deux encâblures d'un brisant! *l'Astrolabe*, alors un peu en
arrière, en eut connaissance presque au même instant. Un
mouvement hardi, exécuté avec un accord admirable, sauve
les deux navires; pendant près d'une heure ils voient se
continuer les brisants; à trois heures du matin, ils les perdent de vue.

Il ne suffisait pas à La Pérouse d'être échappé au naufrage ; il fallait en préserver ses successeurs. A la pointe du
jour, les frégates retournent vers leur ennemi et reconnaissent un îlot, fendu par le milieu, de cent mètres au plus de
diamètre et de quarante à cinquante mètres d'élévation, à
l'extrémité des brisants ; ceux-ci s'étendaient à plus de
quatre lieues. Entre l'îlot et les brisants, trois bancs de sable
s'élevaient à peine de trois à quatre pieds au-dessus de
l'eau. Des roches à fleur d'eau, couvertes d'écume, entou
raient cette petite île. La Pérouse appelle cet écueil *la
Basse des frégates françaises;* il est situé à vingt-trois lieues
ouest-nord-ouest de l'*île Necker.* Il s'en était fallu de bien
peu que cette basse ne fût le terme du voyage.

Les conjectures des navigateurs sur l'existence d'une
terre, annoncée, pensent-ils, par une grosse houle venant de
l'ouest-nord-ouest, ne se réalisent pas. Bientôt les oiseaux
disparaissent, et, avec eux, l'espérance de rien rencontrer.

Le 16 novembre, La Pérouse coupe, comme il se l'était
proposé, la route du capitaine Clerke ; les vents alizés lui
manquent de parole : dans un espace de plus de huit cents
lieues, jusqu'aux environs des *îles Mariannes*, il suit le
parallèle des 20° avec des vents presque aussi variables que
ceux des côtes de France en juin et en juillet.

Le 14 décembre, à deux heures de l'après-midi, il a connaissance des *îles Mariannes*, et signale dans leur détermination géographique une foule d'erreurs. Trois de ces îles
étaient marquées en des endroits où il n'y a point de terre ;
les autres étaient très-mal représentées. L'*île de l'Assomption*
qu'il voit d'abord, au lieu des six lieues de tour que lui
donnaient les géographes n'en a que trois. Son sommet le
plus élevé est à peine de quatre cents mètres au-dessus du
niveau de la mer. Elle ne présente qu'une sorte de dôme
conique dont le pourtour, jusqu'à quatre-vingt mètres au-
dessus de l'eau, est complètement noir ; elle semble se rire

de l'imagination de nos navigateurs qui se plaisait à la peupler de cocos et de tortues. Quelques cocotiers occupaient cependant, à l'abri des vents d'est, environ la quinzième partie de sa circonférence, sur une profondeur de quatre-vingts mètres.

Les canots envoyés à terre rapportèrent que l'île était encore plus laide de près que de loin ; la lave avait formé des ravins et des précipices bordés de cocotiers rabougris, entremêlés de lianes impénétrables. Quinze ou seize personnes mirent trois heures à ramasser et porter au bord de la mer une centaine de noix de cocos. La cime du volcan resta dans les nuages ; l'odeur de soufre se répandait à une demi-lieue en mer ; aucune trace de décomposition ne se montrait sur la lave du milieu de la montagne. Les seuls animaux aperçus furent quelques crabes de la plus grande espèce, trois ou quatre fous et un merle. *La Martinière* fit une ample moisson de plantes entre lesquelles La Pérouse signale trois ou quatre palmiers, qu'il n'avait vus en aucun pays. « Nous n'aperçûmes, ajoute-t-il, d'autres poissons qu'une carangue rouge, de petits requins et un serpent de mer qui pouvait avoir trois pieds de long sur trois pouces de diamètre. »

A trois heures, les frégates prolongeaient, à quatre lieues de distance, la côte des *Mangs*. La Pérouse pressé d'arriver à Macao avant le départ des bâtiments d'Europe, ne peut perdre une nuit pour déterminer la position d'*Uracas* la plus septentrionale des Mariannes. Une immense quantité d'oiseaux environnent les navires dans ces parages. Le 28, ils ont connaissance des *îles Bashee* ou Bachi et signalent au nord, deux rochers herbeux dont le moindre a une demi-lieue de tour.

Le 2 janvier 1787 (1), La Pérouse est en vue de *Pierre-*

(1) L'extrait suivant d'une lettre de *Lamanon* rend bien les impressions qui dominaient à bord. Cet extrait se place ici par sa date :

Blanche; le soir, il mouille au nord de l'*île Ling-Ting*, et le lendemain, 3, dans la rade de *Macao*. Il avait pris un pilote chinois à l'une des îles qui sont à l'est de Macao. Un pilote malais, envoyé par le gouverneur portugais, M. *de Lemos*, conduit les frégates au mouillage du *Typa*, à cinq milles sud-est de la ville. Nos navigateurs y trouvent une flûte française (*le maréchal de Castries*), envoyée de Manille par M. *d'Entrecasteaux*, des compatriotes, des camarades de guerre, mais point de lettres de France! Madame de Lemos (dona Maria de Saldanha), que La Pérouse avait vue douze ans auparavant à Goa, lorsqu'il commandait *la Seine*, met en œuvre toutes les ressources d'une sympathie sincère pour adoucir l'amertume de son désappointement; l'associant avec la grâce la plus aimable à ses propres impressions, elle semble vouloir lui rendre la famille qui lui manque. « Les plus jolis enfants, écrit-il, entouraient et embrassaient la mère la plus charmante; et la bonté, la douceur de cette mère se répandaient sur tout ce qui l'approchait. »

La Pérouse ne parle point de la Chine, dont il est aussi loin, dit-il, à Macao, qu'à Brest. Mais il ne trouve pas d'expressions assez fortes ni de détails assez significatifs

---

« Si nous ne sommes pas les premiers *circum-navigateurs* qui n'aient en vue que les progrès des sciences, du moins les Anglais ne seront plus les seuls... Ce qui distinguera toujours ce voyage, ce sera d'avoir fréquenté des peuples réputés barbares, sans avoir versé une goutte de sang. La campagne, il est vrai, n'est pas finie; mais les sentiments de notre chef me sont connus et je vois comment il est secondé. Dans un moment de trouble et de danger qu'une équivoque fit naître : *Prenez vos fusils*, s'écria-t-il, *mais ne les chargez pas*; tout fut pacifié par sa prudence. Au mérite d'habile navigateur, de guerrier, M. DE LA PÉROUSE en joint un autre bien plus cher à son cœur, celui d'être, aux extrémités du monde, le digne représentant de l'humanité de sa Nation. » *Des mers de Chine, 1er janvier 1787.*

Dans une lettre du même jour, rappelant la catastrophe du Port des Français, Lamanon écrit « que la science a, comme la religion, son *martyrologe*. » Avant la fin de cette même année, son nom allait y être inscrit.

pour peindre l'oppressive dépendance des Portugais de
Macao et l'abaissement de leur *sénat*. « La ville portugaise
n'est plus, écrit-il, qu'une ville chinoise » (1).

La température de la rade du *Typa* variant d'un jour à
l'autre de 8° (Réaumur), nos voyageurs en sortent le 5, avec
quelques malades. Le naturaliste *Dufresne* avait quitté
l'Astrolabe et devait rapporter par mer les paquets de
l'expédition. L'état de M. *Mel de Saint-Céran*, l'avait obligé
de partir pour l'île de France. Chaque frégate avait embarqué six matelots chinois. « Ce peuple est si malheureux,
écrit La Pérouse, que, malgré les lois de l'empire qui défen-
dent, sous peine de la vie, d'en sortir, nous aurions pu
enrôler, en une semaine, deux cents hommes, si nous en
eussions eu besoin. » A défaut de représentant français, le
Chef de la Compagnie suédoise s'était chargé de la vente des
pelleteries américaines, déposées à terre.

ILE DE LUÇON.

Le 15 février, les bâtiments ont connaissance de l'île de
Luçon; jusqu'au 19, ils n'avancent pas d'une lieue par
jour ; le 21, ils prennent le parti de relâcher vingt-quatre
heures dans le port de *Marivelle* et s'y fournissent de bois.
Le village, au nord-ouest du mouillage, se composait de
quarante maisons de bambous, couvertes en feuilles, élevées
de quatre pieds au-dessus de terre, parquetées de claies de
bambous, véritables cages munies d'échelles. Dans une

(1) La Pérouse évaluait en janvier 1787, la population de Macao à 20,000
âmes, dont cent Portugais nés en Portugal, sur 2,000 Portugais Indiens, et
autant de Noirs esclaves. Le reste était Chinois. Les Portugais Indiens, la plupart mulâtres, auraient cru se déshonorer en exerçant un art mécanique. Un
couvent avait remplacé une forteresse sur la montagne qui domine la plage.

maison de pierre en ruine, armée de deux canons de fonte, logeait un jeune mulâtre indien, exerçant les fonctions de curé. Les habitants semblaient avoir sans cesse devant les yeux les Malais musulmans, qui, sept ans auparavant, avaient brûlé les maisons, le fort, le presbytère, et vendu les prisonniers comme esclaves : les terres étaient presque toutes en friche. La lisière seule des bois était ouverte aux chasseurs; le reste était fermé par les lianes

Les deux lieues qui restaient, de Marivelle à *Cavite*, ne demandèrent pas moins de trois jours. Le 28, les frégates y laissèrent tomber l'ancre : depuis plusieurs mois leur arrivée était annoncée. « Nos vaisseaux, écrit La Pérouse, étaient si près de terre que nous pouvions descendre et revenir à bord à chaque minute. Nous trouvâmes des maisons pour travailler à nos voiles, faire nos salaisons, construire deux canots, loger nos naturalistes, nos ingénieurs-géographes; et le bon commandant nous prêta la sienne pour y dresser notre observatoire. Nous jouissions d'une aussi entière liberté que si nous eussions été à la campagne et nous trouvions, au marché et à l'arsenal, les mêmes ressources que dans un des meilleurs ports de l'Europe. »

La ville de *Cavite* (à trois lieues sud-ouest de *Manille*), la seconde ville des Philippines, n'était plus, au rapport de La Pérouse, qu'un méchant village où il ne restait d'Espagnols que les officiers militaires et civils. Mais le port n'avait pas subi la même décadence. Les *forges*, la *poulinerie*, la *garni-ture*, toutes maniées par des mains indiennes, travaillèrent activement pendant plusieurs jours pour les deux frégates. Les approvisionnements demandés à l'intendant de Manille n'exigeaient pas moins d'un mois.

Le surlendemain de leur arrivée, La Pérouse, De Langle et plusieurs officiers vont dans leurs canots, armés à cause des pirates malais de Mindanao, rendre visite, à *Manille*, au gouverneur, à l'archevêque, à l'intendant, aux oïdors ou auditeurs. Cette ville est bâtie à l'entrée d'une baie de plus de vingt-cinq lieues de tour, à l'embouchure d'une rivière, navigable jusqu'au lac d'où elle sort. On évaluait, lors du passage de La Pérouse, sa population à trente-huit mille âmes, entre lesquelles on comptait à peine mille à douze cents Espagnols.

Je ne suivrai pas La Pérouse dans les considérations de haute politique que l'île de Luçon et les Philippines lui inspirent; il compare les possessions espagnoles à ces terres de grands seigneurs laissées en friche, qui feraient la fortune de plusieurs familles laborieuses. Trois millions d'habitants peuplaient ces différentes îles, et celle de Luçon en comptait à peu près le tiers. Ces peuples ne paraissaient en rien inférieurs à ceux d'Europe; ils cultivaient la terre avec intelligence, étaient charpentiers, menuisiers, forgerons, orfèvres, tisserands, maçons. « J'ai, dit-il, parcouru leurs villages; je les ai trouvé hospitaliers, affables; et, quoique les Espagnols en parlent avec mépris et les traitent de même, j'ai reconnu que les vices qu'ils mettent sur le compte de ces Indiens doivent être imputés au gouvernement qu'ils ont établi parmi eux. »

Le gouverneur pouvait, à son gré, admettre ou confisquer les marchandises des étrangers qui, reçus, ne jouissaient d'aucune liberté; les oïdors brisaient sans scrupule le cachet des affaires privées; une promenade dans l'intérieur de l'île, une conversation dans la rue, étaient des faits soumis à la juridiction du gouverneur. « Le plus beau pays de l'univers était le dernier qu'un homme libre voulût habiter. »

Tous les vices de ce gouvernement n'avaient pu anéantir les avantages du climat; les campagnards avaient un air de bonheur bien rare en Europe; les maisons, d'une propreté remarquable, étaient toutes ombragées par des arbres fruitiers venus sans culture. Le tableau que trace La Pérouse, des environs de Manille, animés par des canaux, ou par les rubans sinueux de la rivière, et parsemés de cannes à sucre, de caféyers, d'indigotiers, de cotonniers, est plein de jeunesse et de fraîcheur. « La nature y est si belle, écrit-il, qu'un simple village indien sur le bord de l'eau, une maison à l'européenne entourée de quelques arbres, forment un coup-d'œil plus pittoresque que celui de nos plus magnifiques palais. L'imagination la moins vive se peint le bonheur à côté de cette riante simplicité. »

Lamanon et l'un des officiers de *l'Astrolabe* avaient apporté de Macao un commencement de dysenterie; l'état de Lamanon donna pendant quelque temps de vives inquiétudes. Quant à l'officier (M. *d'Aigremont*), il mourut à Cavite, vingt-cinq jours après l'arrivée, victime du traitement extravagant par lequel il avait espéré se guérir. *L'Astrolabe* avait déjà perdu, dans la traversée du Port-Français à Monterey, un domestique dont la mort ne pouvait être imputée à la mer.

Le 28 mars, entre autres nouvelles de Macao, La Pérouse apprit l'arrivée, dans la rivière de Canton, de *la Résolution,* commandée par *d'Entrecasteaux,* et de *la Subtile* (venus en soixante-dix jours de Batavia, par les côtes de la Nouvelle-Guinée). Bientôt *la Subtile* vint elle-même faire connaître sa mission (1). Du reste, aucune lettre de France; des nouvelles politiques vieilles d'un an. Cette frégate fournit à l'expédition huit fusiliers et deux officiers : à *la Boussole,* M. *Guyet de la Villeneuve;* à *l'Astrolabe,* M. *le Gobien.* Le *maréchal de Castries* avait déjà donné à *l'Astrolabe,* à Manille, M. *Dupac de Bellegarde.* Les matelots apprirent en

_____

(1) *D'Entrecasteaux* avait offert son secours aux Chinois pour réduire leur colonie insurgée de *Formose;* ses offres n'avaient point été acceptées : « J'avoue, écrit La Pérouse au Ministre, que j'aurais vu avec douleur la marine de France seconder le gouvernement le plus inique, le plus oppresseur qui existe sur la terre. Je puis sans crime aujourd'hui former des vœux pour les Formosiens. »

même temps avec joie que les pelleteries américaines avaient été vendues, à Macao, dix mille piastres, et cette somme leur fut partagée avant le départ.

COTES ORIENTALES D'ASIE.

Le 9 avril (1), après un séjour de quarante-huit heures chez un négociant français de Manille (*M. Sébir*) La Pérouse remet à la voile. Il s'agissait de remonter le long des côtes de la Chine et de la Tartarie jusqu'au Kamtschatka. C'était assurément la navigation la plus difficile qu'il fût possible d'entreprendre ; les Portugais de Macao et les Espagnols de Manille la peignaient également sous les couleurs les plus sombres (2) ; elle ne promettait que des mers étroites, entièrement inconnues, pleines de bancs, agitées de courants d'une violence extrême, enveloppées de brumes continuelles. « Tu vois, écrit La Pérouse à un de ses amis, que notre besogne n'est pas facile ; mais nous la ferons ou nous y périrons. »

« Ce n'est que d'aujourd'hui, écrivait-il cinq mois plus tard, après avoir achevé cette terrible tâche, ce n'est que d'aujourd'hui que j'ose compter notre campagne après celles du capitaine Cook... Je ne peindrais que difficilement, ajoute-t-il, les fatigues de cette partie de ma campagne, pendant laquelle je ne me suis pas déshabillé une seule fois et n'ai pas eu quatre nuits sans être obligé d'en passer plusieurs heures sur le pont. »

(1) Le 9 avril selon la manière de compter des voyageurs ; le 10, suivant celle des habitants de Manille.

(2) Le gouverneur de Manille montra à La Pérouse une carte itinéraire de Manille au Kamtschatka, mais il ne la lui laissa entrevoir que pendant une minute et de loin.

La crainte d'être prévenu dans cette recherche par les Anglais, avait été pour beaucoup dans l'interversion de son plan de voyage. « Pour rien au monde, dit-il, je n'aurais voulu y être devancé... Vous regretterez, sans doute, que les circonstances ne m'aient pas permis de suivre un plus grand développement de la côte du Japon, et je le regrette aussi ; mais, n'oubliez pas, mon cher ami, lorsque vous examinerez nos observations, n'oubliez pas ces brumes éternelles qui ne permettent pas de faire en un mois le travail qu'on ferait en trois jours sous le beau ciel du tropique ; n'oubliez pas enfin que sans l'heureux orage qui, dans la Manche de Tartarie, nous donna quarante-huit heures de vent du nord, nous ne serions pas arrivés cette année au Kamtschatka » (1).

Le témoignage que cet homme modeste se rend à lui-même, peut seul suppléer ici, pour l'appréciation de ses travaux audacieux et patients, aux connaissances géographiques et hydrographiques qui nous manquent. Le Voyage de La Pérouse n'est pas un recueil de tableaux brillants, mais une œuvre de dévoûment et de conscience ; comme le voyage même, le récit semble ne pouvoir être fait que pour les marins et les savants (2) ; et nous, qui ne sommes ni savants ni marins, en omettant tant de déterminations rigoureuses et techniques, achetées à si haut prix, nous

---

(1) Lettre à Fleurieu, datée d'*Avatscha*, 10 septembre 1787.

(2) *Si l'on imprime mon Journal avant mon retour*, écrit La Pérouse à un de ses amis, *que l'on choisisse un rédacteur versé dans les sciences exactes, qui soit en état de calculer, de combiner mes données avec celles des autres navigateurs, de rectifier les erreurs qui ont pu m'échapper, de n'en pas commettre d'autres. Ce rédacteur s'attachera au fond, il présentera les détails techniques avec le style âpre et rude, mais concis d'un marin....* « Ce vœu, m'ayant servi de règle, je déclare, écrit le Rédacteur du voyage de La Pérouse, *Milet-Mureau*, je déclare à ceux qui dans leurs lectures, n'ont d'autre objet que leur amusement, qu'ils ne doivent pas aller plus loin ; je n'ai point travaillé pour eux, mais seulement pour les savants et les marins. »

courons le risque d'en faire méconnaître la véritable, l'impérissab'e valeur.

Essayons pourtant de suivre nos guides dans ces mers où vit leur souvenir. C'est, avons-nous vu, le 9 avril 1787 que les frégates s'éloignent de *Cavite*, aussi richement approvisionnées de vivres frais qu'à leur sortie de Brest. Elles ont bientôt gagné le nord de l'*île de Luçon*. Le 21, elles ont connaissance de l'*île Formose;* le 22, elles relèvent l'*île de Lamai;* le même jour, elles signalent un banc sinon très-dangereux, au moins très-suspect, puis reviennent, sur la côte de Formose, et mouillent vers l'entrée de la baie de l'ancien *Fort de Zélande*, baie sur laquelle s'élève la capitale de l'île. Vainement La Pérouse essaie d'attirer par l'appât de l'or les bateaux chinois qui naviguent, à sa portée, sans peur. Un seul d'entre eux consent à entrer en communication avec les Barbares; mais sans que ceux-ci en puissent rien apprendre. La Pérouse savait que 20,000 hommes étaient partis de Canton pour soumettre Formose. Il voyait des feux allumés de distance en distance sur la côte. Le 23, à dix lieues au nord, il rencontre l'armée navale des Chinois à l'embouchure d'une grande rivière; plusieurs des bâtiments étaient à la voile; d'autres mouillaient en pleine côte; un grand nombre semblaient prêts à remonter le fleuve. Les dangers du détroit qui sépare les îles *Pescadores* (1) des bancs de Formose, déterminent La Pérouse à passer à l'est de cette dernière île.

Le 1er mai, il s'arrête, par un calme, après une nuit de violent orage, entre les *îles Bachi* et l'île *Botol-Tabaco-xima*. Cette dernière paraissait avoir quatre lieues de tour et donnait à compter jusqu'à trois grands villages dans l'espace d'une lieue. Elle était boisée depuis le tiers de sa hauteur jusqu'à sa cime. Entre les forêts et le sable du

---

(1) L'une de ces îles ou plutôt de ces rochers, offre l'image complète de la *tour de Cordouan*, et semble taillée de main d'homme.

rivage, s'étendait une pente rapide de la plus belle verdure, sillonnée par les torrents.

Le 5, les frégates faisant route au nord-nord-est, ont connaissance d'une île (1). Bientôt les voyageurs aperçoivent des feux et des troupeaux sur le bord de la mer. Plusieurs pirogues se détachent de la côte, s'avancent à une portée de fusil, puis se retirent en toute hâte; deux d'entre elles se décident enfin à aborder, accueillies par des présents de pièces de nankin et de médailles. Ces insulaires saluent en posant la main sur la poitrine, puis levant les bras au ciel; salués de même par les Français. Ils sont vêtus d'une chemise et d'un caleçon de toile de coton. Leurs cheveux, relevés vers le sommet de la tête, sont roulés autour d'une aiguille d'or. Chacun d'eux porte un poignard à manche d'or. Leurs pirogues sont des arbres creusés. Ils retournent chercher des vivres pour s'acquitter avec leurs hôtes; mais La Pérouse, pour ménager du temps, fait route au nord, avant leur retour.

Le lendemain, au jour, il a connaissance d'une île ronde et boisée, extrêmement escarpée à l'ouest, d'environ deux lieues de tour; puis d'une autre de même grandeur, mais plus basse : il les désigne sous les noms de *Hoapinsu* et de *Tiaoyiu-su*.

Sorti de l'archipel de *Likeu*, il entre dans une mer plus vaste. Des obstacles, qu'il serait trop long d'énumérer ici, ne lui permettent pas de faire plus de sept à huit lieues par jour. Des brumes épaisses et constantes lui cachent souvent *l'Astrolabe* à portée de la voix. Malgré ces brumes, au milieu de courants d'une violence extraordinaire, et de direction incessammment variable, les bâtiments marchent si près l'un de l'autre, qu'on pourrait dire qu'il n'y a qu'un seul vaisseau et un seul capitaine. Une seule belle éclaircie

(1) Cette île est désignée sous le nom de *Kumi* sur la carte de La Pérouse.

en deux jours permet d'apercevoir un îlot bientôt masqué par les brumes.

Le 19 mai, après quinze jours d'épais brouillards, les vents se fixent au nord-ouest et l'horizon des frégates s'étend à plusieurs lieues; elles se dirigent vers l'île *Quelpaert*, connue seulement par le naufrage d'un vaisseau hollandais, en 1635. Le 21, elles en ont connaissance, dans les circonstances les plus favorables pour les observations, et relèvent douze lieues de côtes. Un pic d'environ six mille pieds s'élève au milieu de l'île, dont les pentes douces descendent jusqu'à la mer, cultivées jusqu'à une très-grande hauteur et couvertes de moissons étagées; les champs laissent voir de nombreuses divisions de nuances variées. Deux pirogues se détachent, mais n'approchent pas les frégates à plus d'une lieue.

Le 22 mai, les navigateurs ont connaissance de la côte de *Corée*, bordée d'îlots et de rochers. Le soleil perce par moment et permet de faire d'excellentes observations de latitude et de longitude.

Le 25, après avoir relevé, au coucher du soleil, la côte du *Japon*, nos voyageurs passent entre cette côte et la Corée, prolongeant ensuite la côte de la Corée, à deux lieues et sondant toutes les demi-heures. Bientôt la chaîne d'îlots et de rochers qui du côté de la Corée, rétrécit de quatre à cinq lieues, les quinze lieues de détroit qui la séparent du Japon, disparait; et les Français peuvent voir la Corée d'assez près pour distinguer les villes et campagnes riveraines. Des fortifications d'apparence européennes couvraient les cimes. Le pays, montueux, paraissait très-aride. La neige n'était pas entièrement fondue en plusieurs ravins. Une douzaine de bâtiments chinois à voiles de nattes voient passer les frégates sans crainte. Deux seulement paraissent leur donner quelque attention, s'approchent à un peu moins d'une lieue, les suivent à cette distance pendant deux heures,

6

puis retournent à leur m uillage sans témoigner plus de
sympathie. Le même soir, des feux sont allumés sur toutes
les pointes.

Le 27, La Pérouse reconnaît, dans le nord-nord-est, une
île qui n'est portée sur aucune carte, et semble à vingt
lieues de la Corée; il l'appelle l'*île D'Agelet*, du nom de
l'infatigable observateur qui l'avait aperçue le premier.
Cette île n'a guère que trois lieues de tour; du sommet au
rivage, elle était couverte des plus beaux arbres. Un rempart de roc vif presque vertical la cernait partout, sauf vers
quelques anses sablonneuses, inaccessibles aux frégates.
Les canots envoyés à la découverte trouvèrent, en plusieurs
de ses anses, des bâtiments chinois sur le chantier, près de
quelques cabanes, à cinquante pas de la forêt. Les Français n'aperçurent aucune trace d'établissement fixe ni de
culture.

Ii fallait absolument déterminer quelques points de l'île
Niphon. La Pérouse se dirige donc vers l'est, le 30 mai. Les
vents lui sont presque constamment contraires. Le 2 juin,
deux bâtiments japonais passent à portée de la voix. L'un
d'eux portait vingt rameurs, tous vêtus de soutanes bleues.
Ce bâtiment, du port d'environ cent tonneaux, n'avait
qu'un seul mât et une voile immense. La physionomie des
Asiatiques, à la vue des frégates, n'exprime aucune sorte
d'émotion, pas même l'étonnement.

Le 6, les navigateurs ont connaissance du *cap Noto* et de
l'île qui en est à cinq lieues. Le temps permet de voir, à six
lieues, les arbres, la rivière, les éboulements des collines.
L'île est petite, plate, de deux lieues de tour. Elle semble
bien boisée et très-peuplée. Les vents s'opposent obstiné-
ment à l'exploration du *détroit de Tessoy*, à la détermination
de la pointe sud-ouest de l'île Niphon.

Le 11 juin, les frégates sont en vue des *côtes de Tartarie*,
à vingt lieues de distance; les montagnes avaient au moins

douze ou quatorze cents mètres de hauteur; la côte très-
escarpée était couverte d'arbres et de verdure ; un peu de
neige restait sur les cimes les plus hautes. — Aucune trace
de culture ni d'habitation ne se montre sur une longueur de
plus de quarante lieues ; aucune embouchure de rivière
n'est signalée. Du 12 au 14, relèvement de la côte, à trois
petites lieues, par le ciel le plus clair; le 15 et le 16,
brumes.

Le 16, à quatre heures du soir, le plus beau ciel ayant
succédé à la brume la plus épaisse : « nous découvrîmes,
écrit La Pérouse, le continent qui s'étendait de l'ouest quart
sud-ouest, au nord quart nord-est ; et, peu après, dans le
sud, une grande terre qui allait rejoindre la Tartarie, vers
l'ouest, ne laissant pas entre elle et le continent une
ouverture de 15°. Nous distinguions les montagnes, les
ravins, tous les accidents du terrain; nous ne pouvions
concevoir par où nous étions entrés dans ce détroit... Mais
bientôt ces monts, ces ravins disparurent. » Les navigateurs
avaient été abusés par l'illusion d'optique que l'on désigne
aujourd'hui sous le nom de mirage.

Le 17, le 18, le 19, brumes épaisses. Le 19, au soir,
relèvement de plus de vingt lieues de côtes, par l'air le plus
pur. Le 20, après avoir fait trois lieues en vingt-quatre
heures, les frégates sont en vue d'une montagne en forme
de *table ;* toujours (sur cette côte de Tartarie) mêmes forêts
superbes et désertes; aucune pirogue ; aucune cabane. Le
21 et le 22, brumes épaisses. Belles éclaircies au coucher du
soleil.

Le 23, les frégates laissent tomber l'ancre à demi-lieue
du rivage, dans une baie que La Pérouse appelle *baie de
Ternay*. Vous concevrez aisément combien les voyageurs
étaient, *après soixante-quinze jours de mer*, impatients de
descendre à terre.

Cinq petites anses, semblables aux côtés d'un polygone

régulier, formaient le contour de cette rade, séparées entre
elles par des coteaux couverts d'arbres jusqu'au sommet.
« Le printemps le plus frais, écrit La Pérouse, n'a jamais
offert, en France, des nuances d'un vert si vigoureux et si
varié et quoique nous n'eussions aperçu, depuis que nous
prolongions la côte, ni une seule pirogue ni un seul feu,
nous ne pouvions croire qu'un pays si fertile, à une si
grande proximité de la Chine, fût sans habitants. Avant que
nos canots eussent débarqués, nos lunettes étaient tournées
vers le rivage ; mais nous n'apercevions que des cerfs et des
ours qui paissaient tranquillement au bord de la mer... »
Pendant que les chasseurs prennent leurs armes, les mate-
tols pêchent douze ou quinze morues. Les futailles vides
sont envoyées vers les ruisseaux limpides qui versent leurs
eaux dans chaque anse; ces ruisseaux étaient bordés
d'oseille, de céleri, de petits ognons, partout des plantes de
France, la plupart en fleur. A chaque pas des roses, des lis
jaunes, des lis rouges, du muguet, toutes nos graminées de
pré ; des pins couronnaient les cimes ; les chênes ne commençaient qu'à mi-côte. Les rivières étaient ombragées de
saules, de bouleaux, d'érables ; la lisière des grands bois
laissait voir des pommiers et des azeroliers en fleur, avec
des massifs de noisettiers dont les fruits commençaient à
nouer. Point d'habitants! seulement, sur quelques troncs
d'arbres, des traces de hache et de scie ; à terre, quelques
débris charbonneux; enfin, dans le bois, quelques appentis
de branchage, quelques paniers d'écorce de bouleau, cousus
avec du fil, et des chaussures pour marcher sur la neige.

Bientôt les échos des montagnes répètent les coups de
fusil des Français; trois jeunes faons tombent victimes de
leur inexpérience. Nos voyageurs perdus et comme noyés
dans les hautes herbes de ces prairies, ravissantes de loin
mais peuplées de serpents, renoncent à la poursuite des
ours. Un autre essai, le lendemain, non plus à la course

mais à l'affût, n'est pas plus heureux; ils se consolent en
pêchant des morues, des grondeurs, des truites, des saumons. des harengs, des plies.

A la suite de l'une de ces parties de pêche, les Français
découvrirent un tombeau, sur le bord d'une rivière, à côté
d'une cabane en ruine et presque totalement enterrée dans
les grandes herbes. Une pirogue était auprès. Ce tombeau
s'offrait sous la forme d'une petite meule, faite de tronçons
d'arbres et revêtue d'écorce de bouleau. Deux corps y
étaient couchés l'un à côté de l'autre, la tête enveloppée
d'une calotte de taffetas, le tronc et les membres entourés
de peaux d'ours, avec une ceinture pareille où pendaient
de petites monnaies chinoises et divers bijoux de cuivre;
ce tombeau contenait, en outre, des grains de verre bleu,
dix ou douze bracelets d'argent que les voyageurs apprirent
plus tard être des pendants d'oreilles, une hache de fer, un
couteau de fer, une cuillère de bois, un peigne, un petit sac
de nankin bleu plein de riz. Faut-il ajouter que nos compatriotes remirent religieusement tous ces objets en place,
honorant eux aussi les frères inconnus que des mains
pieuses n'avaient pas voulu séparer de tout ce qui avait eu
part à leur vie, plaçant près de leur tête des provisions pour
le grand voyage. Moins d'un an peut-être avant l'arrivée
de La Pérouse, les hommes dont ce tombeau gardait la
dépouille, avaient animé à leur tour ces belles solitudes.

Le 27 juin, au matin, après avoir déposé à terre la
médaille de l'Expédition avec une bouteille et une inscription, les frégates remettent à la voile, prolongeant la côte à
trois lieues de distance; elles font ainsi cinquante lieues
par le temps le plus désirable. Viennent ensuite les brumes
jusqu'au 4 juillet, qui empêchent toute descente et tout
relèvement, mais non la pêche de huit à neuf cents morues.
La drague rapporte une grande quantité d'huîtres dont
quelques-unes a perles.

Le 4 juillet, un canot de chaque frégate débarque à terre.
L'aspect du pays est à peu près le même qu'à la *Baie de
Ternay*, bien que soixante-quinze lieues plus au nord. Les
voyageurs trouvent des branches d'arbres coupées, qui
portent encore dés feuilles vertes, deux peaux d'élan artistement tendues sur des piquets à côté d'une petite cabane.
Vaujuas, en l'absence des habitants, échange l'une de ces
peaux contre des haches et d'autres instruments de fer
qu'il met à la place. La Pérouse donne à cette baie le nom
de *Suffren* et s'éloigne, arrêté bientôt par le calme et la
brume. La pêche des morues est toujours aussi productive.
Des *poulettes* (petites coquilles bivalves) attachées aux
huîtres; de gros *buccins*, beaucoup d'*oursins* de l'espèce
commune, une grande quantité d'*étoiles* et d'*holothuries*, et
de très-petits morceaux d'un joli *corail*, sont, avec les
morues, le seul fruit de ce retard.

Le 5, les frégates repartent malgré la brume, avec un
horizon de deux portées de fusil. Le 6, vents contraires. Le
lendemain, vue d'une *île très-étendue* vers le sud-est, aux
rochers élevés et arides, aux ravines neigeuses. Les terres
basses restent inaperçues. La Pérouse donne le nom de *Pic
Lamanon* à la cime la plus haute. Le 9 et le 10, vents contraires; brumes impénétrables. Cette terre est-elle une île?
ou bien une presqu'île liée à la Tartarie chinoise comme
l'est, à la Tartarie russe, le Kamtschatka?

Le 11, à deux heures, le rideau se lève enfin et les lunettes
permettent de conjecturer que des montagnes ferment la
mer au nord, à vingt lieues. La Pérouse se décide à interroger les habitants du pays. Le 12 au soir, les frégates
laissent tomber l'ancre, à deux milles de l'embouchure
d'une rivière, dans une baie qui reçoit le nom de *De Langle*.
Du bord, on aperçoit quelques cabanes et deux hommes
qui semblent fuir.

BAIE DE LANGLE.

Les Français débarqués trouvent du feu dans les cabanes. Des perches supportées, à quatre à cinq pieds de terre, sur des piquets, sont chargées de saumon, de hareng, de vessies remplies d'huile. *De Langle* fait déposer, dans l'une des maisons, des haches, divers outils de fer, des grains de verre. En deux coups de filet, les matelots pêchent du saumon pour une semaine.

Au moment du départ des canots, arrive une pirogue montée de sept hommes, qui débarquent aussitôt et s'asseyent sans crainte sur des nattes, au milieu des Français avec une sécurité qui inspire la confiance qu'elle suppose. Deux d'entre eux, vieillards à longue barbe blanche, étaient vêtus d'une étoffe d'écorce; deux autres portaient des caleçons de nankin bleu ouaté. Les autres n'avaient qu'une longue robe fermée par une ceinture. Tous avaient la tête nue. Deux ou trois portaient une couronne de peau d'ours; le toupet et les faces rasées, tous avaient les cheveux de derrière conservés dans une longueur de huit à dix pouces. Leurs souliers de peau de loup marin étaient relevés en avant à la manière des Chinois. Leurs armes étaient des arcs, des flèches, des piques à pointe de fer. L'un des vieillards avait les yeux protégés par une sorte de garde-vue. Leurs manières étaient graves et affectueuses. Une seconde entrevue est promise de part et d'autre pour le lendemain.

Le lendemain, avant le lever du soleil, La Pérouse est à terre. Les sept insulaires de la veille arrivent en pirogue, suivis bientôt de vingt-et-un autres; aucune femme ne paraît. Des chiens aboient dans le bois voisin ; un Français témoigne l'intention de visiter ce côté : ses hôtes l'en détournent avec vivacité. Les questions que La Pérouse veut leur faire, ne permettent pas d'insister. De Langle et ses officiers débarquent à leur tour. La conversation est précédée de présents. Les insulaires recherchent surtout le fer et les étoffes, préférant l'argent au cuivre, le cuivre au fer. Trois ou quatre d'entre eux seulement ont des pendants d'oreilles d'argent ornés de grains bleus, pareils à ceux du tombeau de la *Baie de Ternay*. Leurs pipes en cuivre blanc, parfaitement travaillé, viennent, disent-ils, ainsi que leur nankin bleu, du couchant, du pays des Mantcheous. Ils se prêtent avec beaucoup de complaisance au recueil que les étrangers font des principales dénominations de leur vocabulaire. Nos voyageurs sont obligés de les presser à diverses reprises, pour leur faire accepter une part de leur pêche.

Sur les questions géographiques de la Pérouse, un vieillard se lève, trace avec le bois de sa pique la côte de Tartarie à l'ouest, courant à peu près nord et sud ; et figure, vis-à-vis de cette côte, l'île où il se trouve. « Il avait, dit La Pérouse, laissé entre son île et la Tartarie un détroit et montrant les vaisseaux du doigt, il fit entendre qu'il y avait passage pour eux, en ce détroit. » Le même vieillard figure ensuite un détroit au sud de l'île avec le même geste. Un autre insulaire, âgé de trente ans environ, voyant les figures s'effacer sur le sable, prend de la main de l'un des Français, un crayon et du papier, y trace son île qu'il appelle *Tchoka*, indique la rivière sur le bord de laquelle il se trouve, aux deux tiers de la longueur de l'île ; dessine, vis-à-vis, la terre des Tartares-Mantcheous dont il prononce le nom comme nous, laissant un détroit au nord, au fond de l'entonnoir ; puis, — à la grande surprise des navigateurs, — y ajoute le fleuve *Ségalien*, dont il prononce le nom comme nous, mettant l'embouchure de ce grand fleuve un

peu au sud de la pointe nord de son île, et comptant de sa
station présente à cette embouchure, sept journées de pirogue ; enfin il remonte le fleuve Ségalien pour montrer l'endroit où est acheté le nankin bleu. Ses compagnons suivent
avec attention tous ses mouvements et les approuvent du
geste.

La Pérouse voulut s'assurer de la largeur du détroit du
nord. « Plaçant ses deux mains perpendiculairement et
parallèlement à deux ou trois pouces l'une de l'autre, le
jeune insulaire, écrit-il, nous fit entendre qu'il figurait
ainsi la largeur de la rivière au bord de laquelle nous étions ;
les écartant davantage, il marqua la largeur proportion-
nelle du fleuve Ségalien ; puis les écartant beaucoup plus,
la largeur du détroit qui sépare l'*île Tchoka* de la *Tartarie.* »

Il s'agissait de connaître la profondeur de l'eau ; La
Pérouse rend sa question sensible en enfonçant dans l'eau
de la rivière le bois d'une pique. Le jeune insulaire paraît
le comprendre et marque la profondeur du détroit en étendant les deux bras.

Le reste de la journée est employé à l'examen du pays et
des habitants. « Il était contraire à nos idées, écrit La
Pérouse, de trouver chez un peuple chasseur et pêcheur,
sans agriculture et sans troupeaux, des manières en général plus douces, plus sérieuses et peut-être une intelligence
plus étendue que chez aucune nation de l'Europe... Tous
les individus paraissaient avoir reçu la même éducation. Nos
arts attiraient leur attention ; ils retournaient en tous sens
nos étoffes ; ils en causaient entre eux et cherchaient à
découvrir par quel moyen on était parvenu à les fabriquer.
La navette leur est connue. J'ai rapporté un métier avec
lequel ils tissent le fil provenant de l'écorce d'un saule très-
commun dans l'île. Bien qu'ils ne cultivent pas la terre,
nous avons trouvé dans leurs cabanes beaucoup de racines

d'une espèce de lis jaune ; ils les font sécher pour l'hiver ; il y avait aussi beaucoup d'ail et d'angélique. »

La Pérouse n'émet aucune conjecture sur leur forme de gouvernement : « On ne peut douter, dit-il, qu'ils n'aient beaucoup de considération pour les vieillards et que leurs mœurs ne soient très-douces. S'ils étaient pasteurs, je ne me ferais pas une autre idée des anciens patriarches. Ils sont généralement bien faits, d'une constitution forte, d'une physionomie agréable et remarquablement velus. Je n'en ai observé aucun de cinq pieds cinq pouces ; plusieurs avaient moins de cinq pieds. Ils permirent à nos peintres de les dessiner ; mais se refusèrent constamment au désir de *M. Rollin* qui voulait prendre diverses mesures. Ce refus et le soin de cacher ou d'éloigner de nous leurs femmes, sont les seuls reproches que nous ayons à leur faire. »

Le rivage laisse voir quelques morceaux de charbon de terre, mais aucune pierre métallique ; tous les bijoux d'argent, aperçus par les Français, ne pèsent pas deux onces, et une médaille de l'expédition avec une chaîne d'argent, mise par La Pérouse au cou de l'un des vieillards, paraît à tous d'un prix inestimable. Heureuse pauvreté qui, sans les abrutir, les met à l'abri de l'ambitieuse avidité des nations voisines ou lointaines !

Ils laissent croître leurs ongles comme les Chinois et saluent comme eux en se mettant à genoux, et inclinant la tête jusqu'à terre. Comme eux aussi, ils s'asseyent sur des nattes et mangent avec de petites baguettes. Tous portent au pouce un large et fort anneau de corne ou de plomb.

Les matelots chinois des frégates n'entendent pas un mot de leur langue, mais comprennent celle de deux Tartares Mantcheous, à blouses de nankin gris, à chapeau d'écorce pointu, à longue queue nattée, venus sur les pirogues. Par l'intermédiaire de ces matelots, La Pérouse reçoit, de ces Tartares, les mêmes renseignements topographiques.

Les cabanes de la *baie De Langle* étaient construites avec
intelligence, en bois, revêtues d'écorce de bouleau, surmon-
tées d'une charpente couverte en paille séchée. La porte
était très-basse et placée dans le pignon. Le foyer était au
milieu, au-dessous d'une ouverture du toit. De petites ban-
quettes, élevées de huit à dix pouces, régnaient au pourtour, et l'intérieur était couvert de nattes. L'une de ces
cabanes était au milieu d'un bois de rosiers en fleurs, à
cent pas du bord de la mer ; mais l'odeur du poisson et de
l'huile, plus forte que tous les parfums, avait pour les habitants plus d'attrait que les suaves exhalaisons de ces boca-
ges. Ils avaient sans cesse la pipe à la bouche. Leur tabac,
de bonne qualité et à grandes feuilles, paraissait provenir
de la Tartarie ; ils ne connaissaient pas l'usage du tabac en
poudre.

Un dessin de *Duché*, gravé dans l'Atlas du voyage
montre les vieillards et les jeunes hommes de la *baie De
Langle* assis en cercle autour du chirurgien de *l'Astrolabe*,
Lavaux, qui avec une sagacité particulière pour ce genre
d'études, cherche à saisir les noms qu'ils donnent aux
diverses parties du corps, et aux actions les plus communes.
Leur tête chauve, leurs longues barbes, leurs cheveux flottants par derrière, leur costume simple et aisé, à quelques-
uns la couronne qui relève leur front, à tous leur attitude
libre et confiante, font naître l'idée d'une assemblée de
sages. Le calme peint sur tous ces visages, semble reflété
partout, aux alentours, dans ces bois incultes, mais non
stériles, dans ces cabanes si peu brillantes mais si juste-
ment appropriées aux besoins de leurs possesseurs, et
jusque dans ces amas de poisson étalés sur le sable sans
danger.

Le 14 juillet, à la pointe du jour, les frégates françaises
disent adieu à ces hommes paisibles, et se dirigent vers le
nord, par un temps brumeux. Pas la plus petite éclaircie

jusqu'au 19. Ce jour, à quatre heures du soir, l'ancre est jetée dans une baie de l'île Tchoka, que La Pérouse nomme *baie d'Estaing*. Les canots abordent auprès de dix à douze cabanes plus considérables que celles de la *baie De Langle*, placées sans ordre et assez loin les unes des autres. Chacune d'elles était divisée en deux chambres également infectées de l'odeur de poisson : même foyer carré au milieu, au-dessous du poisson suspendu ; même banquette au pourtour de la salle. Les Français rencontrèrent deux femmes qui s'étaient cachées dans les herbes. Leurs yeux étaient petits; leurs lèvres grosses (la lèvre supérieure peinte en bleu); leurs jambes nues ; une longue chemise de toile les enveloppait ; leurs cheveux flottaient dans toute leur longueur. Les hommes, rassemblés autour de quatre longues pirogues chargées de poisson fumé, étaient occupés à pousser ces embarcations à l'eau. Les rameurs, à chapeau conique, de ces pirogues, étaient des Tartares venus des bords du Ségalien.

Ces Tartares, par l'intermédiaire des matelots chinois, confirment toutes les indications géographiques recueillies précédemment. Un angle de la baie offrait une sorte de cirque planté de quinze à vingt piquets, couronnés chacun d'une tête d'ours. Le sol ne différait pas de celui de la *baie De Langle ;* les saumons n'étaient pas plus rares.

Le 22, quatre canots vont reconnaître une petite rivière, et reviennent pleins de saumons. La rivière, large de vingt-quatre pieds et d'un pied de profondeur, en était tellement encombrée, qu'en une heure, sans ligne ni filet, les matelots en avaient tué douze cents. Ils avaient rencontré, pour toute habitation, deux ou trois appentis de planches, abandonnés ; les sapins et les saules étaient de dimensions plus fortes encore qu'aux précédentes baies. Les bords du ruisseau étaient couverts de céleri et de cresson ; les baies de genièvre n'étaient pas rares. Les fraisiers, les groseillers, les framboisiers étaient en fleur. — Pendant cette courte expédition, les frégates pêchaient un bon nombre de morues.

A la pointe du jour, elles remettent à la voile. Le 23, les voyageurs distinguent quelques habitations sur le rivage, auprès d'une assez forte rivière; mais le beau temps, si rare et si précieux, ne leur permet pas de faire halte.

Il n'y avait plus à douter que l'île prolongée ne fût l'*île Ségalien* des géographes. Les frégates étaient allées trop loin pour ne pas s'assurer si le détroit qui sépare, au nord, cette île de la Tartarie, est praticable; le fond diminuait sensiblement. Le 24 juillet, à supposer que l'attérissement fût graduel, les bâtiments n'étaient plus qu'à six lieues du fond du golfe et aucun courant ne se faisait sentir. — Le 26, au soir, ils mouillent sur la côte de Tartarie; et, le lendemain à midi, par une éclaircie, courent au nord-nord-est dans le milieu du canal, en vue des deux côtes. Le fond baisse de trois brasses par lieue. Après quatre lieues, La Pérouse laisse tomber l'ancre. M. *De Vaujuas* est envoyé avec un canot vers le nord. Il revient à minuit, bien vivement attendu, comme vous pensez. Il avait atteint, à une lieue des frégates, le point le plus éloigné que l'état de la mer et du vent permît de sonder, et n'avait plus trouvé que six brasses. « La mer était si grosse, écrit La Pérouse, que nous employâmes quatre heures à lever nos ancres. » Trois hommes furent grièvement blessés dans cette opération.

BAIE DE CASTRIES.

Le 28 au soir, La Pérouse est à l'entrée d'une baie très-profonde qui lui offre, avec un excellent abri derrière plusieurs îles, l'eau et le bois dont il a besoin. Il lui donne le nom du Ministre de la marine, sous les auspices duquel se fait l'expédition, le maréchal *De Castries*. Elle est à deux cents lieues du *détroit de Sangaar*, la seule porte sur laquelle les frégates pussent compter pour sortir de cette mer et gagner le Kamtschatka. On ne pouvait guère espérer de faire ces deux cents lieues avant la fin de la belle saison, par des brumes continuelles ; cependant le seul parti qui restât était de le tenter, sous peine d'attendre jusqu'en novembre, le vent du nord. La relâche pour l'approvisionnement d'eau et de bois, fut limitée à cinq jours. La chaloupe fit l'eau ; le grand canot fit le bois ; les petits canots furent mis à la disposition des dessinateurs et ingénieurs, pour la levée des plans ; les yoles, employées à la pêche du saumon, dans une petite rivière qui en était remplie ; les biscaïennes réservées aux deux commandants et aux naturalistes. L'observatoire fut établi sur une île voisine du rivage qui devait aussi fournir de l'eau. Une relâche de cinq jours ne permettait à personne, aux astronomes moins qu'à tous autres, un instant de repos. Après deux jours de travaux, ces derniers furent envoyés aux biscaïennes par la maladresse d'un charpentier qui fit tomber un arbre sur la lunette du quart de cercle, dérangea le pendule de comparaison et brisa plusieurs autres instruments indispensables.

Cette baie, la plus reculée de celles où nos voyageurs se

fussent arrêtés dans cette mer, leur offrait une énorme quantité de saumons; ils en prenaient plus de deux mille en un jour.

Les habitants, les premiers que les Français eussent rencontrés sur la côte de Tartarie, voyaient cette pêche sans inquiétude. La Pérouse débarque au pied de leur village, précédé par les présents De Langle.

« On ne peut, écrit-il, rencontrer dans aucune partie du monde une peuplade d'hommes meilleurs. Le Chef ou le principal vieillard vint nous recevoir avec quelques autres habitants. Il se prosterna, à la manière des Chinois, et nous conduisit dans sa cabane où étaient sa femme, ses belles-filles, ses enfants et petits-enfants. Il fit étendre une natte propre sur laquelle il nous proposa de nous asseoir, et une petite graine que nous ne pûmes reconnaître, fut mise dans une chaudière sur le feu, avec du saumon, pour nous être offerte. Ils firent entendre qu'ils étaient des *Orotchis*, donnant le nom de *Bitchis* à des étrangers arrivés le même jour, en quatre pirogues. »

Le village se composait de quatre maisons semblables à celle de ce vieillard, solidement bâties de tronçons de sapin, avec une toiture d'écorce, sur une charpente bien taillée. Comme dans les maisons de l'île Tchoka, une banquette régnait tout autour de la salle ; un foyer carré s'élevait au milieu, au-dessous d'une ouverture du toit. Les quatre maisons paraissaient appartenir à quatre familles différentes, mais unies entre elles. L'une de ces familles s'absenta pendant le séjour des Français, et se contenta de mettre une perche devant la porte pour empêcher les chiens d'y entrer. De leur côté, les Français laissaient sans risque, sous le toit de leurs hôtes, leur plus attrayante monnaie, je veux dire leurs étoffes, leurs colliers de verre, leurs outils de fer.

Chaque maison était entourée d'une sécherie de saumon. Le poisson y était étendu sur des perches au soleil, après trois ou quatre jours de fumaison. Quant à la pêche, elle se faisait avec des filets et des dards. Les pêcheurs mangeaient crus le museau, les ouïes, les osselets et quelquefois la peau entière du saumon, qu'ils détachaient avec beaucoup d'adresse, suçant le mucilage de ces parties comme les Européens avalent une huître. Les femmes paraissent regarder les parties mucilagineuses comme le mets le plus exquis. Les voyageurs apprirent ici que le gros anneau du pouce servait de point d'appui pour trancher le saumon, avec le couteau que, Tchokalais ou Tartares, ils portent tous à leur ceinture.

A l'opposite de ce petit village construit sur une langue de terre marécageuse, sorte de campement de *moissonneurs* pour la *récolte* du saumon, il y en avait un autre plus élevé et au midi, à l'entrée d'un bois, composé de huit cabanes plus vastes. Les Français trouvèrent en outre trois maisons souterraines semblables à celles des Kamtschadales, décrites dans le dernier voyage de Cook, assez étendues pour loger, pendant les froids, les habitants des huit cabanes. Ces maisons d'hiver offraient à la fois l'armement et la garde-robe de cette saison ; des arcs, des flèches, des piques, des fourrures, des chaussures pour la neige. Enfin sur une des ailes de ce village, on voyait plusieurs tombeaux, aussi grands et mieux construits encore que les maisons.

« Les habitants, écrit La Pérouse, nous y voyaient entrer sans nous suivre et sans témoigner la moindre crainte ; nos équipages, ajoute-t-il, n'avaient pas moins senti que les officiers, le prix d'une confiance aussi grande. » Un dessin de *Duché*, dans l'Atlas, représente ces tombeaux au milieu des grandes herbes d'un vallon, en avant d'une chaîne de montagnes ; les uns offrent une sorte de grande ruche où sont renfermées de trois à cinq bières ornées d'étoffes de Chine et de quelques morceaux de brocart, où sont suspendus des arcs, des flèches, des filets : cette ruche est à peine fermée par une barre de bois D'autres bières sont élevées sur des piquets de bois, entourées d'arcs. de flèches, de morceaux d'étoffe. D'autres enfin également sur des piquets, ne portent aucun accessoire.

Le respect pour les vieillards paraît ici, comme à l'île Tch·ka, tenir lieu de gouvernement. « Nous n'avons jamais été témoins, écrit La Pérouse, de la plus petite querelle. Leur affection réciproque, leur tendresse pour leurs enfants, nous offraient un spectacle touchant. » Spectacle gâté seulement, pour les Français, par cette odeur de poisson répandue partout, à l'intérieur des maisons et aux alentours.

La taille moyenne des hommes était de quatre pieds dix pouces ; ils avaient le corps grêle, la voix aiguë, les joues saillantes, les yeux petits et fendus obliquement, la bouche large, le nez écrasé, le menton court et presque imberbe, a peau olivâtre, vernissée d'huile et de fumée. Hommes et femmes laissaient leurs cheveux libres et flottants. La seule différence dans le costume de celles-ci, était, au bas de leur robe, une rangée de petites plaques de cuivre. Comme les hommes, elles restaient pieds nus, ou bien chaussées de bas de peaux de saumon, et enveloppées de peaux d'ours par dessus une sorte de peignoir d'étoffe commune de Chine (1) fixée en avant, par des boutons de cuivre. Leurs travaux se bornaient à tailler et coudre les habits, à préparer le poisson au séchage, à soigner les enfants. Ce n'est pas sans surprise que La Pérouse voit un petit garçon de quatre ans qui venait de bander un arc et de tirer une flèche assez juste, puis de courir et de battre un chien, — venir chercher son repas sur le sein de sa mère et y prendre la place d'un enfant de cinq à six mois qui dormait sur ses genoux. Jamais aucun marché ne se concluait sans le consentement des femmes. Aux femmes étaient réservés les pendants d'oreilles d'argent et les bijoux de cuivre.

(1) Ces Tartares n'avaient pas comme les insulaires l'usage de la navette.

« Nous ne pouvons parler de la religion de ce peuple, écrit La Pérouse, n'ayant aperçu ni temple ni prêtre. Seulement quelques sculptures en bois, suspendues au plafond des cabanes et représentant des enfants, des bras, des mains, des jambes, rappelaient les *ex-voto* de nos chapelles. »

Ce n'est qu'avec la plus grande difficulté et la plus grande patience que *Lavaux* parvint à former le vocabulaire des *Orotchis* et des *Bitchis*. Peut-être ces Tartares supposaient-ils à ses questions quelque puissance inconnue. Les présents ne pouvaient vaincre leur répugnance et souvent même étaient refusés avec opiniâtreté. La Pérouse crut apercevoir qu'ils désiraient plus de délicatesse dans la manière de les leur offrir. « Pour vérifier cette conjecture, écrit-il, je m'assis dans une de leurs cases, et après avoir approché de moi deux petits enfants de trois ou quatre ans, et leur avoir fait quelques caresses, je leur donnai une pièce de nankin rose que j'avais apportée dans ma poche. Je vis les yeux des parents briller de joie, et je suis certain qu'ils eussent refusé ce présent si je le leur eusse adressé directement. Le mari sortit un instant, puis revint bientôt avec son plus beau chien qu'il me pria d'accepter. Je le refusai, en cherchant à lui faire comprendre qu'il lui serait plus utile qu'à moi. Mais il insista, et voyant que c'était sans succès, il fit approcher les deux enfants qui avaient reçu le nankin et appuyant leurs petites mains sur le dos du chien, il me fit entendre que je ne devais pas refuser ces enfants... »

Il est à remarquer que les chiens sont leur bien le plus précieux. Ils les attellent à de petits traîneaux fort légers, semblables à ceux du Kamtschatka. Ces chiens, de l'espèce du chien loup, forts, bien que de taille moyenne, semblaient participer de la douceur de leurs maîtres ; ils refusèrent longtemps de la viande à bord, et se jetaient avec avidité sur le poisson. Ceux du Port-Français, au contraire, se vautraient dans le sang, comme des loups, et couraient sur les poules comme des renards.

Interrogés sur la géographie de cette mer, les Bitchis joignent, au nord, l'*île Tchoka* à la *Tartarie*, par un banc de sable, et donnent à entendre, en poussant leurs pirogues échouées sur le rivage, qu'après être sortis du fleuve Ségalien, ils en ont agi de même; puis ils indiquent, en arrachant des herbes marines, que ce banc de sable en est couvert : confirmant ainsi le rapport de *Vaujuas*. La Pérouse renonce à envoyer une chaloupe au fond du golfe.

Lamanon, convalescent d'une longue et inquiétante maladie, explore, avec l'abbé *Mongez* et le père *Receveur*, la baie et les îles qui en forment l'entrée; ils recueillent des laves rouges, compactes ou poreuses; des basaltes gris, en table ou en boule, enfin des trapps. Un séjour de plusieurs semaines eût été nécessaire pour suivre les traces qui pouvaient conduire aux cratères. La végétation était à peu près celle des environs de Paris, à la mi-mai. Les fraisiers et les framboisiers étaient encore en fleur; les groseilles rougissaient. Le céleri et le cresson étaient rares (1). Je ne dis rien de l'abondante moisson de coquillages. Le martinet et l'hirondelle de rivage semblaient seuls dans leur patrie ; le coassement de quelques corbeaux et le vol bruyant des aigles à tête blanche, troublaient seuls le silence des montagnes. Les Français n'atteignirent qu'un seul loup marin.

Le 2 août, les frégates se dirigent vers le sud, s'attachant à reconnaître la partie de la côte de Tartarie qu'elles avaient

(1) Les ognons de lis jaune et la graine des mantchcous (sorte de petit millet) étaient avec quelques herbages les seuls aliments végé aux des habitants, qui ne cultivaient point la terre. D'autres plantes y auront germé, depuis semées par *Collignon*.

été forcées de négliger pour explorer celle de l'île Tchoka.
Le 6, elles essuyent un coup de vent du sud. Après deux
jours de bourrasque, les vents du nord se déclarent tout à
coup à la suite de l'*heureux orage* dont La Pérouse vous a
déjà parlé, et permettent, résultat inespéré, d'atteindre,
le 9, la latitude de la *baie De Langle*, quittée le 14 juillet.

Le même jour, découverte d'une île plate, à six lieues de
l'île Tchoka, et nommée l'*île Monneron*. Plus loin vue d'un
pic haut de plus de deux mille mètres, de roc vif, à cre-
vasses neigeuses. La côte de l'île se termine en pointe ; on
n'y remarque plus de doubles montagnes : tout annonce que
l'on touche à son extrémité méridionale, et que les terres
du Pic sont sur une autre île. Les frégates allaient-elles donc
trouver un passage qui dispensât de redescendre jusqu'au
détroit de Sangaar ? La nuit se passe dans cette espérance.

Le lendemain, 10 août, l'espérance se change en certitude ! Un détroit de douze lieues est ouvert aux bâtiments,
détroit auquel les géographes ont attaché le nom de *La
Pérouse :* au nord l'*île Ségalien* ou *Tchoka ;* le *Haut-Jesso* ou
l'*Oku-Jesso ;* — au sud l'*île Chika* ou le *Jesso* proprement dit
des Japonais, étendu jusqu'au *détroit de Sangaar*. En 1634,
le navire hollandais *le Kastricum*, commandé par le capitaine *Uries*, avait passé à l'est de ces deux îles, de l'une
d'elles en l'autre, sans apercevoir de passage, sans doute à
cause des brumes, ne découvrant pas de différence entre
les habitants, il avait fait de l'*île Chika* et de l'*île Tchoka*,
une seule terre.

La Pérouse donne à la pointe la plus méridionale de l'*île
Tchoka*, le nom de *cap Crillon ;* c'est à ce cap que les Tchokalais rendent, pour la première fois, visite aux frégates,
enhardis par l'invitation que *Lavaux* leur fait en leur propre
langue. Leur confiance devient bientôt extrême ; ils s'asseyent en rond sur le gaillard d'arrière et y fument leur
pipe comme chez des amis, puis se retirent avec politesse,

comblés de présents. Leur figure était régulière, leur apparence vigoureuse; comme dans le reste de l'île, leur barbe
descendait sur leur poitrine. Ils avaient les bras, le cou, le
dos, couverts de poils; la peau basanée. Leurs manières
étaient graves; leurs remercîments s'exprimaient par des
gestes lents et mesurés. La joie d'avoir découvert une autre
porte de sortie que le *détroit de Sangaar*, avait rendu les
Français quelque peu prodigues; la reconnaissance des
habitants du cap n'alla pourtant pas jusqu'à leur offrir, en
pur don, la moindre partie du saumon qu'ils avaient apporté:
bien différents, à cet égard, des Tartares Orotchis de la *baie
de Castries*, qu'ils surpassaient en force corporelle. Les
Francais remarquèrent, dans les pirogues tchokalaises, une
distinction d'état inconnue chez les Tartares: un serviteur,
peut-être un esclave, qui ne mangeait pas avec les autres
rameurs. Le patron de l'une des pirogues ayant reçu de La
Pérouse une bouteille de liqueur, en répandit, avant le
départ, quelques gouttes dans la mer, en offrande à Dieu:
« Il paraît, écrit-il, que le ciel sert ici de voûte à son temple
et que les chefs de famille sont ses ministres. »

Leurs vêtements étaient presque tous tissus par eux-
mêmes; leurs maisons, d'une propreté et d'une élégance
remarquables, tiraient de divers meubles japonais, un certain air d'opulence. Comme à la *baie de Castries*, des sculptures en bois étaient suspendues au plafond. Le principal
objet d'échange était l'huile de baleine. Ce cétacé, que les
Français n'avaient pas rencontré une seule fois dans la
Manche de Tartarie, abondait sur la côte orientale de l'île
Tchoka. Les insulaires se bornaient à couper la baleine en
morceaux et à la laisser pourrir sur un talus au soleil;
l'huile qui en découlait était reçue dans des vases d'écorce,
et passait de là dans des sacs de peau de loup marin (1).
Nulle part la terre n'était cultivée.

(1) Partout, sur ces côtes la loutre était inconnue.

Les habitants du cap Crillon connaissaient parfaitement toute la côte occidentale de l'*île Tchoka*, à laquelle ils donnaient un développement de cent cinquante lieues; mais ils connaissaient à peine la côte orientale. Les noms de *Iesso* et d'*Oku-Jesso* étaient inconnus. L'île située au sud de Tchoka était appelée *Chika :* nom que La Pérouse lui conserve.

Les pirogues, de sapin creusé et sans mât, pouvaient contenir sept à huit hommes. Chaque soir ces pirogues, et d'autres plus étroites et plus légères à béquilles pour la remonte des rivières, étaient échouées sur le rivage. Chaque patron avait sa tente portative en écorce de bouleau ; sa chaudière, son briquet, son amadou, son trépied de bois. A chaque station, en quelques instants, la tente était dressée, le poisson dardé, la cuisine faite.

Le lendemain, après une seconde visite des insulaires et quelques échanges, les frégates laissent leurs hôtes, attristés de leur prompt départ. Le 12, le détroit était traversé et La Pérouse reconnaissait successivement les points signalés sur la côte orientale, par le capitaine Uriès, s'imposant la loi de ne changer aucun des noms donnés par les Hollandais. Le 14, il voit la côte orientale qui remonte vers le *cap Patience*, terme de la navigation d'Uriès. Le 15 et le 16, vue de l'*île des États*. Le 20, vue de l'*île de la Compagnie*, amas de rochers sans arbres ni verdure. La pointe nord-est de cette île reçoit de La Pérouse le nom de *Kastricum*.

Le 21, le 22, le 23, par les brumes les plus épaisses, les frégates se tiennent bord à bord entre l'*île de la Compagnie* et la chaîne des *îles Kuriles*. Le 24, relèvement, en diverses éclaircies, de la plus septentrionale des *îles des Quatre-Frères ;* et de deux pointes de l'*île Marikan ;* puis, jusqu'au 29, halte au milieu de brumes continuelles et impénétrables. Ce jour-là, reconnaissance de l'île Marikan, longue de douze lieues du nord-est au sud-ouest, terminée à ses deux

extrémités par un gros morne. Un pic, d'apparence volcanique, s'élève au milieu de l'île. Le détroit, au sud de l'île
Marikan, large de quinze lieues, traversé, dans la nuit du
30 août, reçoit le nom de *la Boussole*. Depuis dix jours, il
n'y avait pas eu vingt-quatre heures de clarté.

Les brumes de plus en plus épaisses contraignent La
Pérouse à renoncer à l'exploration des *îles Kuriles*, et ne
permettent pas de mouiller devant une seule d'entre elles.
Le 5 septembre, la brume est toujours la même, mais les
frégates sont au large ; elles forcent de voiles au milieu des
ténèbres, et, le même jour, à six heures, par une éclaircie,
les Français aperçoivent la côte du Kamtschatka ; des masses
énormes de rochers que la neige recouvre encore se dressent peu à peu devant eux.

KAMTSCHATKA.

Le 6, la terre laisse voir quelques teintes moins tristes.
La base de ses sommets couronnés de glaces perpétuelles,
se revêt peu à peu de la plus belle verdure. Le soir, les navigateurs aperçoivent enfin l'entrée de la *baie d'Avastcha* ou
Port de Saint-Pierre et de Saint-Paul. Le phare allumé par
les Russes, sur la pointe, mal abrité par quelques planches
de sapin, avait refusé sa lumière ; mais une hospitalité
digne des anciens temps, et peut-être des lettres de France,
attendaient les voyageurs. Le gouverneur vient au-devant
d'eux, à cinq lieues, en pirogue. Le 7, dans l'après-midi,
les frégates sont dans la baie. A peine ont-elles jeté l'ancre
qu'elles reçoivent le bon curé de Paratounaka, du troisième
voyage de Cook, avec sa femme et tous ses enfants. « Nos
frégates, écrit La Pérouse au Ministre de la marine, ont

mouillé dans la baie d'Avatscha, le 7 septembre, *après cent cinquante jours de navigation*, dont cent quarante à la voile, et il n'y a pas un seul malade dans les bâtiments, quoique nous ayons navigué sans cesse dans les brumes les plus épaisses. »

A peine les frégates étaient-elles devant le port d'Avatscha, que le chef du village et plusieurs habitants leur apportaient des présents de saumon et de raie. Quelques heures après, tout le village faisait, avec les fusils, la poudre et le plomb des Français, la guerre aux canards dont le rivage était couvert, et aux ours. Il n'était arrivé aucune lettre !

Depuis 1784, le Kamtschatka qui, en 1778, lors du passage des Anglais, formait un gouvernement à part, était dans la dépendance du gouvernement d'Okhotsk, dépendant lui-même de la cour souveraine d'Irkoutsk. Par bonheur, le gouverneur d'Okhotsk (1), alors en route pour Avatscha, était à une vingtaine de lieues : le commandant d'Avatscha, qui avait là quarante soldats sous ses ordres, ne parlait qu'avec enthousiasme de M. Kasloff, de ses rares connaissances, de ses vues généreuses. Le bruit venant à courir que M. Kasloff n'a pas de lettres de France, mais que l'ancien gouverneur, alors résidant à cent cinquante lieues d'Avatscha, pourrait en avoir, — un exprès part à pied pour vérifier cette conjecture.

La maison la plus commode d'Avatscha est mise, en un instant, à la disposition des astronomes. Une escorte est donnée aux naturalistes et à l'un des ingénieurs, qui vont, à huit lieues (en l'absence de *Lamanon*, à qui sa santé ne permet pas un pareil effort), gravir un *pic volcanique* que leurs prédécesseurs, russes, allemands ou anglais, n'ont point exploré. Ce pic, couvert de neige et fumeux, ne montra qu'une seule

(1) M. *Kasloff.*

fois, la nuit, pendant le séjour des Français, une flamme
bleue et jaune (1).

Le premier jour, les hardis marcheurs (*Bernizet, Mongez,
Receveur*) traversent six lieues de bouleaux et de sapins
rabougris, puis campent auprès d'un feu, isolé du bois avec
le plus grand soin. Repartis à la pointe du jour, par un
brouillard épais, après une nuit de neige, ils parviennent,
à trois heures du soir, au pied de la montagne. Les soldats
refusent d'aller plus loin sous prétexte que la montagne,
divinité jalouse, donne la mort à qui l'observe. L'achève-
ment de la tâche est remis au lendemain. De six heures du
matin à trois heures de l'après-midi, les savants français
atteignent le bord du cratère, mais dans sa partie la plus
basse; partout s'offrent à leurs yeux des laves poreuses et
presque à l'état de ponce; le sommet laisse voir du plâtre,
à côté de cristaux de soufre. La colonne barométrique était,
à cette hauteur, de dix-neuf pouces onze lignes, pendant
qu'elle était sur les frégates de vingt-sept pouces neuf
lignes. Le thermomètre de Réaumur marquait deux degrés
et demi au-dessous de glace; douze degrés de moins qu'au
bord de la mer. Une seconde nuit de neige ne permit pas
de recommencer le jour suivant cette ascension restée
incomplète.

Pendant ce temps les futailles des bâtiments se remplissaient d'eau et la cale de bois; la faux abattait le fourrage
pour les bestiaux attendus. Des prairies naturelles offraient
l'herbe la plus fine, la plus haute, la plus épaisse : négligée
par les Kamtschadales qui préféraient, aux travaux agri-
coles, la *récolte* annuelle du saumon. Le lieutenant et le
sergent russes avaient seuls de petits jardins. Les richesses
botaniques de La Pérouse lui permettent de planter ici,
comme partout, des souvenirs qui lui doivent survivre.

---

(1) Une éruption avait eu lieu, en 1778, pendant le séjour des Anglais.

La chasse ne réussit guère aux Français. Les Kamtschadales, plus heureux, plus exercés surtout, apportent quatre ours, un algali, un renne, une immense quantité de plongeons et de macareux. Un coup de filet auprès des frégates eût d'ailleurs suffi à la subsistance de six bâtiments.

Le colonel *Kasloff* arrive enfin, chargé d'échantillons des terres qu'il vient de traverser et sur lesquelles il attend l'avis des naturalistes français; chimiste, naturaliste et presque français lui-même, l'intimité est bientôt complète. Le lendemain de son arrivée, il dîne à bord de *la Boussole;* le surlendemain, à bord de *l'Astrolabe;* malheureusement, il n'a pu rassembler que sept bœufs; il ne peut consentir à en toucher le prix. Un bal est donné, par lui, en l'honneur des Français, à toutes les dames kamtchadales ou russes d'Avatscha. L'assemblée est peu nombreuse, mais non sans intérêt. Treize femmes, vêtues de soie, sont assises autour de l'appartement; dix d'entre elles ont le large visage, le nez plat, les petits yeux obliques de la *baie de Castries:* toutes les têtes sont couvertes de mouchoir, à la manière des mulâtresses de nos colonies. Aux danses russes succèdent les danses kamtschadales, danses convulsives, pénibles à voir, comme pénible à entendre est le chant caverneux qui leur tient lieu d'orchestre. Ruisselantes de sueur, au milieu d'une atmosphère huileuse, deux femmes figuraient une chasse aux ours. L'une d'elles se roulant à terre, représentait l'animal; l'autre, qui tournait avec une effroyable rapidité, le chasseur... Tout à coup le bal est interrompu par un cri de joie : on annonce le courrier d'Okotsk, chargé de lettres de France! Le colonel laisse ses hôtes, avec leurs amis, leur famille, à leurs émotions, si longtemps comprimées.

— « Les nouvelles furent heureuses pour tous, écrit La Pérouse, mais plus particulièrement pour moi, qui, par une faveur à laquelle je n'osais aspirer, avais été promu au grade de chef d'escadre. » Les canons du fort associèrent bientôt tout le pays aux impressions de nos compatriotes. « Je n'ai point passé, avec M. *Kasloff*, écrit La Pérouse, un instant qui ne fût marqué par quelques traits affectueux de bonté et d'attention. » En retour de ses présents, La Pérouse lui offrit la *Relation du troisième voyage de Cook*, où se trouvait l'histoire de la colonie et celle de presque toutes les personnes à qui les Français avaient, à leur tour, tant d'obligations. *Bernizet* lui présenta le plan et un dessin de la baie, et le jeune *Blondela*, une vue du village ; l'abbé *Mongez* y joignit une boîte de réactifs chimiques.

Les Kamtschadales avaient renoncé à leurs *terriers ;* les plus riches avaient des maisons de bois à la manière des Russes, où l'air était porté, par un poêle en brique, à l'insupportable chaleur de 28 et 30° Réaumur. Les plus pauvres passaient l'hiver en des espèces de colombiers en bois, élevés sur des piquets de dix à douze pieds, et munis d'échelles. Ce peuple, avec les mêmes traits que les habitants de la *Baie de Castries,* semblait avoir la même douceur, la même probité. La religion grecque s'était établie avec la domination russe, comme la langue, par simple imitation.

Le curé de Parounaka donne à nos voyageurs, par l'intermédiaire du jeune interprète russe *Lesseps,* tous les renseignements que ses prédications apostoliques lui ont permis d'acquérir touchant les *îles Kuriles* que les Russes se bornent à numéroter de l'est à l'ouest, disant : *la 1re, la 2e,* et ainsi de suite jusqu'à *la 24e.* Quatre de ces îles seulement étaient habitées par des *hommes à longue barbe, vivant de pêche.*

Un navire anglais qui venait apporter des propositions de commerce, s'était perdu récemment sur une des premières îles Aléoutiennes, *l'île de Cuivre.* Deux hommes, un Portugais et un Noir, étaient seuls échappés à la mort. La Pérouse les voit et leur fournit les objets dont ils ont le plus besoin.

Les vaisseaux du capitaine Cook et les siens étaient alors les seuls qui eussent abordé heureusement dans cette partie de l'Asie.

Cette extrémité du Kamtschatka, possédait encore un autre naufragé, triste victime des perfides écueils d'une cour despotique : le malheureux *Ivastchkin*. Des propos indiscrets étaient échappés, au sortir d'une partie de table, à un jeune officier aux gardes, de moins de vingt ans; la dégradation militaire, le *knout*, les narines fendues, n'avaient pas suffi à la haine d'Elisabeth : il lui avait fallu l'*exil perpétuel* de sa victime. Cinquante années s'étaient écoulées depuis lors, et l'impératrice Catherine avait fait grâce; mais le condamné n'avait pas fait grâce à Pétersbourg, et ne demandait qu'à mourir dans sa retraite. Il se cachait ; *Lesseps* le découvrit; La Pérouse eut bientôt gagné sa confiance; il réussit à lui faire accepter divers présents, du tabac, de la poudre, du plomb, du drap. « Il avait été, écrit-il, élevé à Paris, il entendait encore un peu le français et retrouva beaucoup de mots pour m'exprimer sa reconnaissance. »

Ivaschkin fit connaître à La Pérouse le tombeau de l'astronome français *La Croyère*, qu'il avait vu enterrer en 1741, au retour de l'expédition envoyée par le czar vers la côte nord-ouest d'Amérique. Les Français y attachèrent une inscription gravée sur une plaque de cuivre et composée par D'Agelet, membre, comme La Croyère, de l'Académie des sciences. Ils gravèrent aussi sur une plaque de cuivre l'inscription peinte sur bois, par les Anglais, au-dessus de la tombe du capitaine *Clerke*.

———

Le froid augmentait de jour en jour. La campagne si verdoyante le 7 septembre, était à présent desséchée ; toutes

les montagnes étaient couvertes de neige. Le 30, nos com
patriotes disent adieu à leurs excellents hôtes (1).

L'un d'entre eux restait, chargé par La Pérouse de rapporter, *par terre*, en France, les détails de son voyage : le
jeune *Lesseps* à qui le Commandant de l'expédition donnait
ainsi l'occasion de mériter la place occupée par son père à
Pétersbourg. Le plus à plaindre semblait celui qui allait
avoir à traverser le Kamtschatka et la Sibérie.

A deux lieues au large, le vent du nord sur lequel La
Pérouse avait compté, fait défaut ; les vents d'ouest les plus
violents et les plus opiniâtres, l'obligent de renoncer à
l'exploration des *îles Kuriles*. Il se dirige de façon à gagner,
par la longitude de 165°, le parallèle de trente-sept degrés
trente minutes sur lequel plusieurs géographes plaçaient une
grande île. — Il atteint ce point le 14 octobre à minuit ; dans
la journée, il avait vu cinq ou six petits oiseaux de terre de
l'espèce des linots, se poser sur les frégates, et le soir il avait
aperçu deux volées de canards. Le temps était très-clair, et
l'activité des matelots constamment en éveil : « *chacun
d'eux enviait l'honneur de faire une découverte qui devait
porter son nom.* »

Malgré tous ces indices, on ne découvrit rien, bien que
l'horizon fût très-étendu. Le lendemain, au jour, on vit
encore deux petits oiseaux ; les frégates gouvernèrent à
l'est ; une grosse tortue passa, le soir, près du bord. Le surlendemain, parcourant toujours le même parallèle vers l'est,
les voyageurs virent un oiseau plus petit qu'un roitelet de

(1) L'une des lettres de La Pérouse à Fleurieu, écrite après l'arrivée du
courrier d'Okhotsk, se termine ainsi : *Adieu ; je pars demain très-bien portant ainsi que tout mon équipage. Nous ferions encore six fois le tour du
monde si ce voyage pouvait être utile ou seulement agréable à notre patrie !* —
Dans une autre lettre du Kamtschatka, on le voit applaudir avec la même jeunesse d'âme aux réformes introduites dans l'enseignement naval. « Je voudrais,
dit-il, avoir été élevé comme les nouveaux élèves, dont on a bien fait de changer le nom ; car rien de l'ancienne école n'était bon à conserver. »

France, perché sur le bras du grand hunier et un troisième
vol de canards. Le 18 et le 19, mêmes indices de terre,
mêmes motifs d'espoir. Aux 175° de longitude orientale,
tous les indices cessèrent. La Pérouse marcha cependant
dans la même direction jusqu'au 22; puis, de là, fit route
au sud, pour trouver des mers plus tranquilles (1). Un matelot de *l'Astrolabe* était tombé à la mer pendant cette recherche ; tous les efforts pour le sauver étaient restés inutiles.

Le 29, les frégates atteignent le 30° degré de latitude; la
santé de l'équipage se ressent du passage du froid le plus
vif à la chaleur la plus forte. Le 1er novembre, par 26° de
latitude, les navigateurs voient passer un grand nombre
d'oiseaux, entre autres des courlieux et des pluviers ; de
gros nuages restent fixes vers le sud. La Pérouse se dirige
de ce côté. Le 2, le 3, le 4, mêmes oiseaux ; puis peu à peu
les indices de terre cessent. Deux requins fournissent aux
Français un mets délicieux; l'état de leurs salaisons leur
fait vivement désirer des provisions fraîches. Ils avaient
enfin atteint le tropique ; des volées d'oiseaux de rivage
faisaient sans cesse espérer quelque découverte. Le 4, ils
prennent, à bord, un pluvier doré, encore assez gras. Le 5,
ils coupent la ligne de leur route de Monterey à Macao ; le 6,
celle de *Clerke*, des îles Sandwich au Kamtschatka. Au 10°
degré de latitude nord, les oiseaux disparaissent. La pluie
dure tout le jour, la chaleur est extrême, l'air étouffant. Les
soins hygiéniques redoublent.

Les pluies et les orages cessent vers le 15° au 5° de latitude nord. L'air est alors d'une transparence parfaite. Le 21,
les frégates coupent la ligne pour la troisième fois. Une vaste
solitude règne autour d'elles. L'air et les eaux de cette
partie du globe semblent être sans habitants. Le 23, deux

_____

(1) La Pérouse regrette de ne pouvoir recommencer cette recherche sur le
parallèle de 35°, du 160° degré de longitude au 170°.

requins fournissent encore deux excellents repas aux équipages ; un coup de fusil fait tomber un cour lieu fort maigre. A mesure que les bâtiments avancent dans l'hémisphère sud, les fous, les frégates, les hirondelles de mer, les paille-en-queue, deviennent plus communs ; à 4° de latitude sud, leur foule devient innombrable ; aucune terre ne s'offre à la vue. Des requins, harponnés dans les calmes, et des oiseaux de mer, à forte odeur de poisson, sont considérés comme un régal. Au 6°, l'air redevient désert. Des vents violents du nord-ouest, des grains, des pluies, des orages, rendent la navigation très-fatigante jusqu'au 11° degré.

Le 2 décembre, nos voyageurs profitent du vent d'ouest, pour atteindre le parallèle des îles auxquelles Bougainville a donné le nom d'*îles des Navigateurs*. Le 6, à trois heures de l'après-midi, ils sont en vue de la plus orientale de ces îles (1). Bientôt ils distinguent un groupe considérable d'hommes et de femmes, assis en rond sous des cocotiers, au bord de la mer, qui paraissent jouir sans émotion du spectacle que les deux grandes pirogues européennes leur donnent. Onze pirogues se détachent de la côte aussitôt que les navires sont engagés dans le détroit d'une lieue de large qui sépare cette île de deux autres (2).

La terre, élevée d'environ quatre cents mètres, est très-escarpée, couverte jusqu'au sommet de grands arbres ; des maisons se voient à mi-côte, entourées d'espaces cultivés. Cinq pirogues, venues de l'île de l'ouest se joignent aux autres et font plusieurs fois avec méfiance le tour des bâtiments, puis enfin s'approchent et vendent une vingtaine de cocos et plusieurs *poules sultanes* bleues. Les vendeurs,

(1) Le plus grand diamètre de cette île est, au plus, d'une lieue. Son nom est *Opouna*.

(2) Séparées l'une de l'autre par un canal de deux cents mètres, et à peu près aussi considérables, ensemble, que la plus orientale.

marchands espiègles, se sauvent avec leur marchandise
après en avoir reçu le prix.

La Pérouse prolonge au sud la côte des deux autres îles
sans avoir le temps d'écouter le discours que lui adresse un
vieillard venu vers lui, une branche d'arbre à la main, et
lui répond en lui jetant plusieurs aunes d'étoffes. Bientôt
toutes les pirogues abordent les bâtiments, renversées, et
submergées, puis relevées sur les épaules des rameurs qui
après les avoir vidées d'eau, y rentrent, pour recommencer,
un instant après, le même travail.

Leur taille moyenne était de cinq pieds sept à huit pouces.
Les hommes de cinq pieds quatre pouces étaient des nains
du pays et, ceux-là même, avec leurs bras musculeux, leur
large poitrine, les fortes saillies de leurs cuisses, de leurs
jambes, contrastaient singulièrement avec les proportions
européennes. Leur teint était basané ; leurs cheveux longs,
retroussés au sommet de la tête, retombaient en crinière
de casque. Tous étaient sans armes, sans autre vêtement
qu'un paquet d'herbes suspendu à leur ceinture, mais
le corps peint ou tatoué. Deux femmes seulement étaient
avec eux ; l'une d'elles avait sur la jambe un large ulcère ;
plusieurs hommes avaient des plaies semblables ; deux
surtout avaient la jambe ulcérée et presque aussi grosse
que le corps. Les pirogues revinrent ensuite plus richement chargées et elles vendirent, outre des poules sultanes,
des poules ordinaires et de petits cochons, — la plus charmante tourterelle que l'on pût voir, à tête violette, à ailes
d'émeraude, à guimpe de rubis, dressée à manger fami-
lièrement dans la main et dans la bouche.

Ces insulaires, bien que leurs pirogues fussent artistement construites, ne voulaient ni haches ni fer : préférant
à tout des colliers de verroterie ; des haches d'un basalte
très-fin et très-compacte leur suffisaient. Ils vendirent,
entre autres choses, un pot de bois rempli d'huile de coco,

de la forme de nos pots de terre. Leurs cordes rondes
étaient tressées comme nos chaînes de montre; leurs nattes
très-fines; leurs étoffes, plus grossières que celles des îles
Sandwich, et faites du fil d'une plante inconnue. « Ils en
font peu de cas, écrit La Pérouse, et encore moins usage. »
Les Français leur achetèrent des filets, et de la nacre très-
artistement travaillée en forme de poisson volant, servant
d'étui à un hameçon d'écaille de tortue, assez fort pour
résister aux thons, aux bonites, aux dorades. Les plus gros
poissons étaient échangés sans hésitation contre un grain
de verre bleu.

MAOUNA.

Le 8 décembre, à six heures du matin, les frégates françaises sont en vue de la grande île de *Maouna*, dont les pics
aigus, étagés les uns au-dessus des autres, s'élèvent à l'ouest
des îles précédentes. A cinq heures du soir, elles en atteignent la pointe; trois ou quatre pirogues viennent, à trois
lieues de terre, échanger des cochons et des fruits contre des
grains de verre.

Le 9, les bâtiments prolongent, à une lieue de distance,
la côte nord, bordée de rescifs de corail, très-rapprochés de
terre. Des villages nombreux se laissent voir au fond de
chaque anse; et de chacune d'elles sort, à la vue des
navires, une immense quantité de pirogues chargées de
cochons, de cocos et d'autres fruits, le tout échangé bientôt
contre des grains de verre. Nos voyageurs voient en outre
l'eau tomber en cascades du haut des montagnes au pied
des villages. Quel spectacle après soixante-neuf jours de
mer! A quatre heures, ils laissent tomber l'ancre à un tiers

de lieue du rivage. Trois canots armés arrivent à terre à la nuit tombante ; les insulaires éclairent, avec de grands feux, l'endroit du débarquement, changé aussitôt en un riche marché ! Malgré cet amical accueil, les frégates ne pouvaient passer une seconde nuit à cet ancrage. La journée du lendemain promet enfin quelque travail aux naturalistes.

Dès la pointe du jour, par le plus beau lever de soleil tropical, les deux navires, entourés de cent pirogues, échangent leurs verroteries contre les provisions les plus ardemment désirées; les habitants sont peu curieux de haches ou d'étoffes. Les canots et les chaloupes vont, à cinq heures du matin, à la recherche de l'eau, à une lieue de là. La Pérouse les suit de près dans sa biscaïenne. Deux cents insulaires, entre lesquels se voient beaucoup de femmes et d'enfants, reçoivent les Francais sur la plage, assis bientôt tous en cercle, sous des cocotiers, auprès de leurs fruits, de leurs poules, de leurs cochons, de leurs pigeons et de leurs perroquets. Une haie de soldats gardait le rivage, bientôt rompue par les allées et venues des femmes qui, presque totalement nues, souples et légères, comme les joncs de la plage, mettent facilement en défaut la discipline la plus sévère. Des insulaires au regard farouche, paraissent armés de bâtons et rétablissent l'ordre. Cependant un matelot avait failli être tué à coup de maillet, par manière de jeu, dans l'une des chaloupes. La Pérouse se borne à faire jeter l'auteur de cette espiègleric à la mer, et fait abattre, devant tous, à l'un de ses chasseurs, trois pigeons lancés en l'air.

Rassuré sur les dispositions de ces géants désœuvrés, il visite un village charmant, situé au milieu d'un bois ou plutôt d'un verger dont les arbres sont chargés de fruits. Les maisons sous de frais ombrages, étaient rangées en cercle autour de la plus belle pelouse. Des femmes, des enfants, des vieil'ards accompagnent La Pérouse et l'invitent à entrer dans leur demeure, étendant les nattes les plus fines et les plus fraîches sur un plancher de sable, élevé de deux pieds. « J'entrai, dit-il, dans la plus belle de ces cases, et ma surprise fut extrême de voir un vaste cabinet de treillis, construit avec autant d'élégance que les plus habiles treillagistes européens le pourraient faire. Il était impossible de donner une courbure plus heureuse à l'extrémité de l'ellipse qui terminait cette case. Un rang de colonnes, à cinq pieds de distance les unes des autres, en formait le pourtour. Entre ces colonnes, faites de troncs d'arbres ciselés, des nattes se recouvrant les unes les autres en écailles, s'élevaient ou s'abaissaient avec des cordes. Le toit était de feuilles de cocotiers. » Les meubles les plus remarquables étaient de grands plats de bois à trois pieds, d'une seule pièce et du poli le plus parfait.

Une terre fertile sans culture; une température qui n'exige aucun vêtement; le fruit de l'arbre à pain, des cocos, des bananes, des goyaves, des oranges; des poules, des cochons, des chiens engraissés de l'excédant de ces fruits; des centaines de pigeons ramiers qui viennent manger dans la main; les perruches des couleurs les plus variées, et tout aussi familières; des poules sultanes du plus beau plumage; des tourterelles roses ou vertes... Quelle imagination ne se peindrait le bonheur en un tel séjour! Ces insulaires, disaient nos compatriotes, sont le peuple le plus fortuné de la terre. Entourés de leurs femmes et de leurs enfants, ils coulent, au sein du repos, des jours purs et tranquilles. L'extrême douceur des femmes, leur liberté calme et gracieuse achevait d'enchanter les navigateurs (1).

_____

(1) Les Français n'apprirent que fort peu de chose sur les relations conjugales en cette île. Tout ce qu'ils aperçurent du gouvernement se réduit à ceci : que, sur quinze à dix-huit cents hommes, une trentaine avaient le privilège de

Cependant la dureté empreinte sur le visage des hommes, et les cicatrices artificielles ou naturelles qui se voyaient sur leur corps, annonçaient des habitudes tout autres.

Cette première visite se passe assez paisiblement. Ce n'est pas que la turbulence des insulaires et leur impatiente avidité n'eussent fourni à des navigateurs moins modérés le prétexte de leçons sanglantes ; *Rollin* avait reçu quelques pierres ; un Indien avait tenté d'arracher le sabre de *Monneron*, emportant le fourreau et fuyant devant la lame nue. L'insubordination de ces géants et le dédain que leur inspirait sans doute la taille des étrangers, auraient donné des inquiétudes à la veille d'un long séjour ; mais La Pérouse comptait partir le soir même.

Vers midi, il revient à bord de *la Boussole*, qui avait eu beaucoup de peine à repousser, sans trop de violence, l'assaut des curieux et des vendeurs ; une sorte de chef indien avait aidé à les contenir ; La Pérouse le comble de présents. Les deux frégates avaient déjà traité de cinq cents cochons, et d'une quantité immense de fruits, de poules, de pigeons.

De son côté, *De Langle* avait découvert une autre anse, située à une lieue à l'ouest de celle où les chaloupes faisaient de l'eau ; il avait pris terre au pied d'un village charmant, près d'une cascade de l'eau la plus limpide. Des symptômes de scorbut commençaient à se montrer sur son vaisseau : comparant l'eau qu'il avait à fond de cale à cette eau si pure, si facile à recueillir dans cette anse si calme, il mit tout en œuvre pour obtenir de La Pérouse

---

donner des coups de bâton. « Nous n'avons pas vu de tombeaux, écrit La Pérouse, et ne pouvons rien dire des cérémonies religieuses. »

Il est à remarquer qu'un domestique manillais, natif de Tagayan, entendait la plus grande partie des mots employés par les insulaires ; leur langue était donc un dialecte du *malais*. De là les conjectures de La Pérouse sur leur origine.

quelques heures de délai. Vainement le sage Commandant
lui représenta les dangers d'un débarquement hors de la
portée du canon des frégates, et les conséquences terribles
de la présomption des naturels. *L'opiniâtreté extraordinaire
de De Langle l'emporta.* « Mon extrême prudence, écrit La
Pérouse à Fleurieu, deux mois après, mon extrême prudence est sans cesse déconcertée par des événements
impossibles à prévoir, mais dont j'ai toujours eu un secret
pressentiment... Comment d'ailleurs résister à un capitaine
d'une grande expérience, lorsqu'il vous assure que tout son
équipage sera attaqué du scorbut avant quinze jours, s'il
n'a pas d'eau fraîche! »

A quatre heures de l'après-midi, les frégates, pour ne pas
voir leurs câbles coupés par le corail, s'éloignent de la côte,
puis, après une nuit d'orage, s'en rapprochent, le lendemain, et jettent l'ancre à une petite lieue.

Ce jour-là, 11 décembre, à midi et demi, deux chaloupes
et deux canots partent, selon le désir de De Langle. La
chaloupe et le grand canot de *la Boussole*, commandés par
Boutin et *Laprise-Mouton*, portaient vingt-huit personnes,
entre autres, *Lamanon* et le sous-lieutenant de vaisseau
Colinet, tous deux malades; six soldats armés et le capitaine d'armes. M. *De Vaujuas*, convalescent, accompagnait
De Langle, dans son grand canot. M. *Le Gobien*, commandait la chaloupe. *Lamartinière*, *Lavaux* et le père *Receveur*,
étaient au nombre des trente-trois personnes envoyées de
l'Astrolabe. Six pierriers étaient placés dans les chaloupes,
et De Langle avait armé tout son monde de fusils et de
sabres. Ces détails vous font assez entrevoir la funeste issue
de cette tentative.

Vers une heure, les embarcations étaient dans cette anse
tant vantée; mais elle n'était plus reconnaissable. Les
rescifs de corail, mis à découvert par la marée basse, y
laissaient seulement un canal tortueux et houleux, de

vingt-cinq pieds de large. L'anse, au lieu de neuf à dix pieds d'eau, en avait trois. Les chaloupes touchèrent à demi-portée de fusil du rivage. Les canots seuls restèrent à flot. Le premier mouvement de De Langle fut de retourner sur ses pas ; six à sept cents insulaires étaient rassemblés sur ce rivage qu'il avait trouvé presque désert. Mais leur air paisible, la présence de leurs femmes et de leurs enfants, es branches d'arbres jetées de toutes parts à l'eau en sigue d'amitié, et surtout les attrayantes ressources que lui promettaient leurs cochons et leurs fruits, le retinrent. Bientôt il eut lieu de se féliciter de sa décision : les futailles se remplissaient sans obstacle, sous la protection d'une double haie de fusiliers, tandis qu'un soldat armé et un matelot gardaient chaque embarcation. Les futailles remplies furent embarquées assez facilement. Les femmes et les jeunes filles ne négligeaient, à la vérité, aucun moyen pour désarmer la défiance des étrangers. Mais les soldats parvenaient à contenir la foule.

Peu à peu cependant, par les arrivages de pirogues (1), la foule grossissait, de plus en plus exigeante et indocile. A trois heures, mille à douze cents hommes couvraient la plage. De Langle crut devoir renoncer aux achats de vivres, et donna l'ordre de se rembarquer sur-le-champ ; déjà quelques verroteries, distribuées par lui-même à cinq ou six insulaires qui avaient fait mine de contenir les autres, avaient excité, à terre, une rumeur jalouse ; le prochain départ des bâtiments, la perte d'une occasion si rare, n'était-ce pas assez pour aiguiser une puérile avidité ? Ne suffisait-il pas d'ailleurs, à ces insulaires, de l'embarras trop

(1) Ces Indiens, dont l'archipel reçut à bon droit de Bougainville le nom d'*îles îles Navigateurs**, n'ont pas d'autre manière de voyager ; tous leurs villages sont au bord de la mer.

* Ces îles sont aujourd'hui portées sur les cartes sous le nom d'*île Hamon*.

visible de leurs hôtes, pour les exciter à se ranger, en enfants cruels, du côté des obstacles? Ils laissèrent les Français regagner les chaloupes, avec de l'eau jusqu'à la ceinture (et, dans ce trajet, par malheur, plus d'un fusil fut mouillé); puis ils s'avancèrent à leur tour dans l'eau, et vinrent, à moins de six pieds, retenant de toutes leurs forces le câblot; les efforts des soldats pour les repousser étaient inutiles. Chaque minute de retard augmentait le danger. Un coup de fusil tiré en l'air, loin d'effrayer la foule, devint le signal d'une attaque générale; une grêle de pierres énormes, lancées, à la main, d'assez près, avec autant de vigueur que d'adresse, fondit sur les Français. De Langle n'eut que le temps de tirer ses deux coups de fusil, et tomba, de dessus le traversin de la chaloupe, du côté des assaillants, qui le massacrèrent à l'instant à coups de massue; l'attachant ensuite par un bras, au-dessus de l'eau, pour profiter plus sûrement de ses dépouilles. Le capitaine d'armes et le charpentier étaient tombés en même temps; l'acharnement dont le corps du malheureux capitaine était la proie, les sauva. Les pierres ne s'arrêtaient point; la chute des insulaires atteints par les balles, n'effrayait pas les autres. Un espace de douze pieds entre les deux chaloupes; c'est par cette espèce de canal que se sauvèrent tous les blessés qui eurent le bonheur de ne pas tomber de l'autre côté, et purent ainsi regagner les canots. Ceux-ci, restés à flot, purent emporter quarante personnes sur soixante-et-une. Boutin avait imité De Langle, mais avec plus de succès, bien que renversé aussi par une énorme pierre. En moins de cinq minutes, les deux embarcations ne portaient plus un homme, envahies aussitôt par les insulaires et mises en pièces. Leur ardeur au pillage donna à *Vaujuas* (1) et à

(1) *Vaujuas*, au premier acte d'hostilité, avait retrouvé la force d'aller prendre le commandement du canot de *l'Astrolabe* : pas une arme qui n'y fût mouillée ! Il ne restait d'autre parti que de sortir des récifs. Le canot de la *Boussole* fut le premier dehors, et périt de toucher à son tour, sous le poids des blessés.

Laprise-Mouton le temps de sauver le reste de l'expédition. Les futailles avaient été jetées pour recueillir plus de blessés. Boutin dut la vie au patron de la chaloupe, blessé lui-même. *Colinet* fut ramassé sans connaissance, avec un bras fracturé et deux blessures à la tête. *Lavaux* eut à subir l'opération du trépan. *La Martinière* et le père *Receveur* s'étaient sauvés à la nage (le premier, son sac de plantes sur le dos) (1). « *Lamanon avait eu le sort de De Langle,* » ainsi que *Talin,* le premier maître canonnier de *la Boussole,* et neuf canonniers et matelots des deux équipages. Un moment, les canots menaçant d'échouer, la fureur des insulaires sembla prête à se tourner tout entière vers eux ; pour leur couper la retraite, ils se portèrent en foule sur les rescifs de l'entrée devant lesquels ils devaient les voir passer à dix pieds. Le peu de munitions qui restait servit à protéger le passage.

A cinq heures, trois coups de fusil, les derniers à tirer, et un mouchoir rouge à la tête du mât des canots, avertirent les frégates ;... à ce moment même, cent pirogues les entouraient, vendant avec une sécurité parfaite les doux fruits de l'île et ses oiseaux privés. « J'avoue, écrit La Pérouse, que j'eus besoin de toute ma raison pour contenir la colère dont j'étais animé et pour empêcher nos équipages de massacrer les frères et les enfants de nos assassins. Déjà les soldats avaient sauté sur les armes. J'arrêtai ces mouvements et je fis tirer un seul coup de canon à poudre pour faire retirer les pirogues. » Une petite embarcation partie de la côte, leur fit aussi quelque signe ; en moins d'une heure, la mer fut totalement déserte. Impossible d'ailleurs

(1) Pour chacune des plantes que *La Martinière* avait ramassées, les insulaires qui l'accompagnaient avaient exigé, avec menaces, plusieurs grains de verre. Pendant ce temps, *Collignon* dotait leur île du cotonnier, du caleyer, du riz, du maïs.

de mouiller à portée de canon du *village du massacre*. La
Pérouse louvoie pendant deux jours devant la baie, voyant
les débris des chaloupes échouées et la foule des insulaires
à l'entour. Dans le même temps cinq ou six pirogues parties
de la côte viennent avec les fruits de l'île, rejointes bientôt
par un plus grand nombre d'autres. La Pérouse fait tirer un
coup à boulet, de façon à les couvrir d'eau, pour leur
apprendre enfin la portée de ses armes.

Le 14, après avoir épuisé toutes les combinaisons auxquelles ce désastre inattendu pouvait donner lieu, La
Pérouse fait voile vers la partie septentrionale de l'île qui
est à neuf lieues ouest de *Maouna* : l'île d'*Oyolava*, dont
Bougainville avait reconnu la partie méridionale sans en
pouvoir approcher (1) ; la fermentation qui régnait à bord
ne permettait pas de relâche. A trois lieues de la pointe
nord-ouest, les frégates sont de nouveau entourées d'une
innombrable quantité de pirogues chargées du fruit de
l'arbre à pain, de cocos, de bananes, de cannes à sucre, de
pigeons, de poules sultanes et de quelques cochons. Mais le
charme était détruit. La sombre défiance et la menace
sévère avaient pris la place de l'indulgente sympathie, de
la confiante libéralité. Le malheur, toujours présent à tous,
n'était que trop vivement rappelé par les ressemblances de
traits, de costumes, de taille. Les blessés croyaient reconnaître les hôtes perfides qui avaient si cruellement payé
leurs bienfaits. La Pérouse réussit pourtant à calmer les
haines ; et les échanges, cette fois sur le pied de la plus

(1) « L'*île de Taïti*, écrit La Pérouse, peut à peine lui être comparée pour la
beauté, la fertilité, l'étendue, l'immense population. »

stricte justice, reprirent un instant leur cours. A quatre
heures de l'après-midi les frégates s'arrêtèrent devant une
longue plaine, couverte de maisons, du bord de la mer à la
cime des montagnes inclinées en pentes douces, du milieu
de l'île.

Dans la foule des pirogues qui tournaient autour des bâtiments, plusieurs étaient venues par pure récréation, par
simple curiosité, sans apporter rien ; quelques-unes très-
ornées, ne portaient qu'un seul curieux. Comme aux îles
précédentes, les vendeurs n'attachaient aucun prix au fer
et préféraient un grain de verre bleu à une hache. Entre les
femmes, quelques-unes semblaient avoir servi de modèle à
la *porteuse de présents* du troisième voyage de Cook. Leurs
cheveux ornés de fleurs et d'un ruban vert en forme de
bandeau, étaient tressés avec de l'herbe et de la mousse ;
l'élégance de leur taille, la forme gracieuse de leurs bras,
la modeste sérénité de leurs regards, leurs gestes mesurés,
tout en elles annonçait la douceur, tandis que sur le
visage des hommes se peignaient la surprise et la dureté.

Le 16 (jour d'éclairs, de tonnerre et de pluie) la nature
semble prendre le deuil et exhaler une émotion qui l'op-
presse ; peu de pirogues se détachent de la côte. Le bruit du
massacre de Maouna paraît être passé d'une île à l'autre.

Le 17, pendant que les frégates longent la côte nord de
l'île qui est à l'ouest d'Oyolava, la superbe île de *Pola* (1),

---

(1) Cette île, un peu moins g ande qu'*Oyolava*, mais aussi belle, n'en est
séparée que par un détroit de quatre lieues, où s'élèvent la petite île de *Cali-
nassé* et un îlot. Restait à trouver trois autres îles pour compléter le nombre
dix des îles composant cet archipel, selon le plan tracé à terre à nos voyageurs, par les habitants de Maouna. Ces trois îles avaient été marquées par
eux dans le sud d'Oyolava.

Les îles visitées par La Pérouse, d'origine volcanique, étaient toutes couvertes, jusqu'à la cime, d'arbres chargés de fruits. « Je ne serais pas surpris,
écrit-il, que les îles de *Maouna*, d'*Oyolava* et de *Pola* continssent ensemble
quatre cent mille habitants. »

aucune pirogue ne se montre : la mer reste déserte. Vainement la pointe ouest de cette île offre-t-elle à La Pérouse
une mer calme et sans brisants, il se décide, pour s'épar-
gner à lui-même et à ses compagnons des cruautés inutiles,
à ne relâcher qu'à la Nouvelle-Hollande. Ce même jour, le
double étage des montagnes de Pola, s'éloigne et s'abaisse
devant nos voyageurs, et cet archipel, objet de leurs malé-
dictions, rentre peu à peu dans la mer. Jusqu'au 20 décembre, ils n'aperçoivent aucune terre ; le 20, ils ont connaissance d'une île ronde, au sud d'Oyolava, mais à quarante
lieues ; ils s'en rapprochent le lendemain, et voient au midi,
deux autres îles, l'*île des Cocos* et l'*île des Traîtres* de
Schouten (1) : cette dernière ainsi nommée parce que les
équipages de Schouten y furent assaillis de pierres. Ces
trois îles complètent, aux yeux de La Pérouse, le nombre
donné par les habitants de Maouna.

L'*île des Cocos* a la forme d'un pain de sucre ; elle est
couverte d'arbres de sa base à sa cime ; son diamètre est à
peu près d'une lieue. Un détroit d'une lieue la sépare de
l'*île des Traîtres :* coupé lui-même par un îlot.

L'*île des Traîtres* est basse et plate ; un seul morne assez
élevé s'élève au milieu ; un canal très-étroit la divise en
deux îles. Le temps était mauvais ; aucune pirogue ne
parut.

Le 23, les frégates se rapprochent de l'*île des Traîtres* et
s'arrêtent à deux tiers de lieue de sa côte méridionale ;
vingt pirogues se détachent aussitôt, chargées de magnifiques cocos, d'un très-petit nombre de bananes et de quelques ignames ; une seule portait un petit cochon et trois ou
quatre poules. Les marchés se font, de la part des insulaires, avec hardiesse et bonne foi ; de la part des *Français*,
avec la sévérité née d'une triste expérience. Les vendeurs

_____

(1) Ces îles figurent aujourd'hui sur les cartes sous le nom d'*îles Niouha.*

acceptent avec autant d'empressement le fer que le verre; du reste, même langue qu'aux îles précédentes, mêmes tatouages; même air de surprise et de dureté; même tablier d'herbes marines; même forme de pirogues. Une particularité à noter, c'est que tous ont deux phalanges du petit doigt de la main gauche coupées. Deux habitants de Maouna avaient seuls subi cette amputation. La taille des hommes est aussi moins grande.

Un fort grain de l'ouest-nord-ouest vient interrompre ces relations pacifiques et disperse les pirogues, sans empêcher pourtant les frégates de faire le tour de l'*île des Traîtres* pour en lever le plan. A quatre heures elles font route au sud-ouest, vers les *îles des Amis*, pour reconnaître celles d'entre elles que Cook n'avait pas eu le temps d'explorer. Ce départ est suivi d'une nuit affreuse, par un vent d'ouest terrible, et une pluie continuelle Plusieurs officiers et domestiques, atteints du scorbut souffrent extrêmement de l'humidité; l'un de ces derniers succombe à cette horrible maladie.

Le 27, après quatre jours d'orages et d'ouragans, La Pérouse a connaissance de l'île de *Vavao*, découverte par l'Espagnol *Maurelle*. A douze ou quinze lieues au-delà, il est en vue de la *Margoura* de Maurelle; puis, en avant de cette île, d'une autre île plate, couverte d'arbres. Il retourne ensuite à Vavao, « la plus considérable des *îles des Amis.* » A midi les frégates françaises sont dans le port de Maurelle, disposées à y jeter l'ancre. Le temps est si mauvais et le ciel si menaçant qu'aucune pirogue ne paraît, et La Pérouse fait lui-même route à l'ouest vers l'île *Latté* assez élevée pour être aperçue de vingt lieues. Ce jour est suivi d'ouragans effroyables au milieu des ténèbres les plus noires; le jour suivant, le vent est plus violent encore. La Pérouse approche néanmoins l'*île Latté* à deux tiers de lieue, mais

sans voir de pirogues : forcé bientôt de se porter vers les îles
Kao et *Toufoa*, que lui cache la brume.

A cinq heures du soir, le cône élevé de *Kao*, visible de
trente lieues par un temps clair, se dresse devant les frégates. L'île *Toufoa*, bien que très-haute aussi, reste dans le
brouillard ; le lendemain, au lever du soleil, les deux îles
sont également en vue. La Pérouse s'assure que *Toufoa* est
inhabitée, au moins dans les trois quarts de son circuit ; elle
lui paraît avoir quatre lieues de tour ; cette île très-montueuse, très-escarpée, était couverte d'arbres jusqu'à la
cime. Elle laissait voir des sortes de glissoires par où les
arbres coupés sur le penchant des montagnes, pouvaient,
au gré des insulaires des îles plates, rouler vers leurs chantiers, au bord de la mer. La Pérouse estime que l'*île de Kao*
est trois fois plus élevée que sa voisine ; la base lui paraît
avoir deux tiers de lieue de diamètre. La pointe nord-est de
Toufoa laisse voir un sol noirâtre et nu.

Dans l'après-midi, les frégates ont connaissance des deux
petites îles *Hounga-Tabou* et *Hounga-Hapaï*, gros rochers
inhabitables, chacune de moins d'une demi-lieue de tour,
assez hautes pour être aperçues de quinze lieues ; balises
naturelles à dix lieues au nord de l'île basse de *Tonga tabou*.
La Pérouse signale au nord de ces deux balises, un banc de
rescifs de deux lieues de long, très-dangereux, omis dans la
carte du troisième voyage de Cook.

TONGATABOU.

Le 31 décembre, la cime des arbres de *Tongatabou*,
plantés ce semble, dans la mer même, est aperçue du haut
des mâts. Peu à peu le terrain s'élève, mais seulement de
quatre ou six mètres. La mer brise avec fureur sur toute la

côte, mais, au-lelà, brillent les vergers les plus riants.
Toute l'île paraît en culture. Des arbres bordent les champs
en ce moment du plus beau vert. Pas un seul monticule : la
mer n'a pas, dans le calme, une surface plus égale. Des
habitations sont éparses, de loin en loin, au milieu de la
campagne. Bientôt sept ou huit pirogues s'avancent vers
les frégates. Les insulaires, plus patients cultivateurs que
hardis mariniers, plus exercés à la natation qu'à la manœu-
vre, se jettent à l'eau, échangeant de bonne foi les noix de
cocos qu'ils tiennent en chaque main, contre des morceaux
de fer, des clous, de petites haches. Aucune pirogue n'a de
voiles. « Ils montèrent à bord, écrit La Pérouse ; nous leur
parlâmes de *Poulaho*, de *Finau ;* nous avions l'air d'être de
vieilles connaissances qui se revoient et se donnent des
nouvelles de leurs amis. » Un jeune insulaire se dit le fils
de Finau, et, sur les présents des Français, les invite à
débarquer, les pirogues étant trop petites pour le transport
des vivres. Ces insulaires étaient bruyants, mais l'expression de leur visage était sans dureté ; leur taille et les proportions de leurs membres ne pouvaient leur inspirer de
présomption dangereuse. Ils compensaient par leurs arts
pacifiques la force physique que ne permettait pas l'assise
de leur île ; leurs massues, la seule arme que les Français
leur voient, ne pesaient pas le tiers de celles de Maouna.
Comme aux *îles des Cocos* et *des Traîtres*, ils avaient plusieurs phalanges des doigts de la main, coupées (1).

Les relations de La Pérouse avec les habitants de *Tongatabou* se réduisent à une simple visite : « Nous reçûmes
d'eux, écrit-il, les rafraîchissements que l'on offre, à la
campagne, à des voisins. Mais M. D'Agelet eut l'occasion de
vérifier la marche de nos horloges et de comparer nos
observations avec celles du capitaine Cook. »

(1) On a su, depuis, que l'intention de ce sacrifice était de fléchir des puis
sances supérieures et d'obtenir de leur pitié la santé d'un parent ou d'un ami.

Le 1er janvier 1788, à l'entrée de la nuit, La Pérouse se dirige à l'ouest-sud-ouest et court sur *Botany-Bay* par une route nouvelle. Les vents l'obligent à incliner vers le sud, et le 2, au matin, il aperçoit la petite île *Plistard*, découverte par le Hollandais *Tasman*. Cette île, fort escarpée, n'avait que quelques arbres sur la côte du nord-ouest; sa plus grande largeur est d'un quart de lieue.

Les calmes retiennent nos voyageurs pendant trois jours en vue de ce rocher; le soleil au-dessus de leur tête. Le 13, ils ont connaissance de l'*île Norfolk*, et laissent tomber l'ancre à un tiers de lieue de terre. Les canots font une demi-lieue sans trouver un point où la mer ne brise avec fureur : l'île était bordée d'un rempart de lave; au-delà, s'élevaient des forêts de pins, au-dessus d'un admirable tapis de verdure. Cette terre inhabitée était couverte d'oiseaux de mer, et surtout de paille-en-queue à longue plume rouge. La Pérouse qui, de son bord, suit avec anxiété les mouvements des canots, les rappelle à l'entrée de la nuit. Au même moment une flamme s'élève à bord de l'*Astrolabe*, heureusement éteinte au bout de quelques instants.

Reparties à huit heures du soir, les frégates forcent de voiles, au jour, vers la côte de la Nouvelle-Hollande dont elles ne sont plus qu'à trois cents lieues. Le 17, une multitude innombrable de goelettes fait soupçonner le voisinage de quelque île. Le 23, les navigateurs ont connaissance de la côte, assez peu élevée et visible, au plus, de douze lieues. Le 24, pendant toute la journée, des vents très-variables obligent de louvoyer en vue de *Botany-Bay*; — en vue de sept bâtiments anglais à l'ancre dans cette même rade! Le 25, le temps est si brumeux qu'il est impossible de reconnaître la terre. Le 26, à neuf heures du matin, les frégates françaises laissent tomber l'ancre à un tiers de lieue de la côte nord de la baie.

BOTANY-BAY.

La Pérouse mouillait à Botany-Bay cinq jours après l'arrivée de la première colonie de déportés. Il apprit bientôt, à travers les défiantes réticences du *midshipman* envoyé à son bord, que *le Sirius*, capitaine Hunter, qui (avec le brick *le Supply*) avait escorté un convoi de mille dix-sept personnes, allait rejoindre le commodore *Arthur Philipp* à dix milles au nord, au *Port-Jackson*, lieu plus convenable à l'accomplissement de sa mission ; Philipp, gouverneur du futur établissement, était parti de la veille, avec quatre vaisseaux de transport.

Les Français restent ainsi les maîtres de la Baie. La Pérouse fait dresser à terre une sorte de retranchement palissadé pour y construire en sûreté de nouvelles chaloupes : « Cette précaution, dit-il, dans une de ses lettres, est nécessaire contre les Indiens de la Nouvelle-Hollande qui, bien que très-faibles et peu nombreux, brûleraient nos embarcations s'ils avaient les moyens de le faire et en trouvaient une occasion favorable. Ils nous ont lancé des sagaies après avoir reçu nos présents et nos caresses. » Les déserteurs de l'établissement anglais lui causent aussi beaucoup d'embarras. « Nos chaloupes sont sur le chantier, écrit-il, en date du 5 février ; je compte qu'elles seront lancées à l'eau à la fin de ce mois. » Des vingt blessés de Maouna, dix-huit (quelques-uns après de douloureuses opérations) étaient entièrement rétablis.

Une lettre, adressée par La Pérouse à *Fleurieu*, en date du 7 février, annonce son départ de *Botany-Bay* pour le 15 mars. Il compte, sans perdre un moment, être à l'Ile de

France en décembre, et en France en juin 1789. « Il me
reste encore des choses bien intéressantes à faire, écrit-il,
des peuples bien méchants à visiter (désignant par là les
habitants des îles au sud-est de la Nouvelle-Guinée) ; je ne
réponds pas de ne point leur tirer quelques coups de canon ;
car je suis bien convaincu que la crainte seule peut retenir
leurs bras. » Il ajoute que M. *De Clonard* va prendre le
commandement de *l'Astrolabe*, remplacé sur *la Boussole*
par M. *De Monti* qui depuis Maouna avait tenu la place de
De Langle. La perte de l'infortuné capitaine lui est toujours
présente : « Ma'gré moi, dit-il, j'y reviens sans cesse. »

Quant à la route qu'il va suivre, elle est tracée dans une
lettre adressée au Ministre de la marine, en date du même
jour. «... Je remonterai, écrit-il, aux îles des Amis et je
ferai absolument tout ce qui m'est enjoint par mes instructions relativement à la partie méridonale de la Nouvelle-
Calédonie, à l'île Santa-Cruz-de-Mendana, à la côte du sud
de la Terre des Arsucides de Surville, et à la Terre de la
Louisiade de Bougainville, en cherchant à connaître si cette
dernière fait partie de la Nouvelle-Guinée ou si elle en est
séparée. Je passerai à la fin de juillet 1788 entre la Nouvelle-Guinée et la Nouvelle-Hollande, par un autre canal
que celui de l'Endeavour, si toutefois il en existe un. Je
visiterai, pendant le mois de septembre et une partie d'octobre, le golfe de Carpentarie et toute la côte occidentale de
la Nouvelle-Hollande jusqu'à la Terre de Diémen, mais de
manière cependant qu'il me soit possible de remonter au
nord assez tôt pour arriver au commencement de décembre
1788 à l'Ile de France. »

Ici s'arrêtent le journal et les lettres de La Pérouse,
transmis à la France par les Anglais.

Tous ses projets de route, datés soit de Botany-Bay, soit d'Avatscha, soit de Macao, annoncent également le retour des deux frégates pour le mois de juin 1789, quarante-six mois après leur départ de Brest.

Lesseps arrivant, par terre, du Kamtschatka à Versailles, le 17 octobre 1788, pouvait penser que ses compagnons de voyage étaient à ce moment sur le chemin de l'Ile de France. Bientôt il apprit le désastre de Maouna; sa douleur s'est épanchée dans son livre avec une liberté touchante : « Il n'est plus, s'écrie-t-il, il n'est plus ce brave et loyal marin, l'ami, le compagnon de notre commandant; cet homme que j'aimais et respectais comme mon père! » Il ajoute : « Lorsqu'à l'instant de notre séparation au Kamtschatka, le officiers de nos deux frégates me serrèrent tristement dans leurs bras comme un enfant perdu, qui m'eût dit que je devais le premier revoir ma patrie? Qui m'eût dit que plusieurs d'entre eux n'y reviendraient jamais, et que dans peu je verserais des larmes sur leur sort! »

La publication du récit de Lesseps (1) est de 1790; aucune autre nouvelle n'était encore venue à cette époque depuis celles qu'il avait apportées lui-même. Les vœux ardents par lesquels il appelle, dans sa préface, l'arrivée de ses compagnons de voyage, déguisent mal son anxiété croissante, celle de tous leurs amis, de tous les amis de la science et de l'humanité. Je ne reviendrai pas sur les suppositions qui eurent cours en ces temps, par ignorance de la route que La Pérouse avait encore à parcourir.

Il n'y avait pas à redouter que les grands événements de 1789 et 1790 fissent oublier des Français dont ils accomplissaient la pensée; mais, comme je l'ai dit, on attendait en silence; on semblait craindre de prononcer l'arrêt des

---

(1) Sous le titre de *Journal historique du voyage de M. de Lesseps*, etc., deux volumes in-8°.

absents, en émettant trop tôt des paroles de doute. A la fin
cependant, chaque jour de retard pouvant ajouter à leurs
périls, d'austères, de secourables accents se firent entendre;
et le nom de LA PÉROUSE, accueilli avec une sorte d'émotion pieuse, retentit devant l'ASSEMBLÉE NATIONALE, alors
présidée par *Grégoire*, curé d'Embermênil. C'était, à la
lumière des lampes, le soir du 22 janvier 1791. Une pétition
de la *Société d'Histoire naturelle de Paris*, demandait que
toutes les puissances européennes fussent invitées à mettre
en œuvre tous les moyens capables de donner quelque
lumière sur le sort des voyageurs, et que la France envoyât,
au plus tôt, un navire à leur recherche. « Soutenez, disaient
les pétitionnaires, soutenez l'espoir qui nous re te de
recueillir ceux de nos frères qui ont échappé à la fureur des
flots et à la rage des cannibales; qu'ils reviennent sur nos
bords, dussent-ils mourir de joie en emb.assant cette terre
libre ! »

Le 9 février, l'Assemblée nationale entendit le rapport
ordonné par elle sur cette proposition. Il suffis.it de la
moindre lueur d'espérance pour ôter tout prétexte à l'hésitation. Un Mémoire lu par M. *De La Borde*, à l'Académie
des sciences, avait déjà fait valoir ce puissant motif.

Voici le décret de l'Assemblée nationale, en date du même
jour : il est digne du malheur qu'il honore.

L'ASSEMBLÉE NATIONALE, après avoir entendu ses Comités réunis d'agriculture, de commerce et de marine, décrète :

« Que le Roi sera prié de donner des ordres à tous les Ambassadeurs, Rési-
dents, Consuls, Agents de la Nation auprès des différentes puissances, pour
qu'ils aient à engager au nom de l'humanité, des arts et des sciences, les divers
souverains auprès desquels ils résident, à charger tous les navigateurs et
agents quelconques qui sont dans leur dépendance, en quelque lieu qu'ils
soient, mais notamment dans la partie australe de la mer du Sud, de faire
toutes recherches des deux frégates françaises, *la Boussole* et *l'Astrolabe*, com-
mandées par M. DE LA PÉROUSE, ainsi que de leurs équipages, de même que
toute perquisition qui pourra't constater leur existence ou leur naufrage, afin
que, dans le cas où M. DE LA PÉROUSE et ses compagnons seraient trouvés ou

rencontrés, n'importe en quel lieu, il leur soit donné toute assistance et procuré tous moyens de revenir dans leur patrie, comme d'y pouvoir rapporter out ce qui serait en leur possession ; l'Assemblée nationale prenant l'engagement d'indemniser et même de récompenser, suivant l'importance du service, quiconque prêtera secours à ces Navigateurs, pourra procurer de leurs nouvelles ou ne ferait même qu'espérer la restitution à la France des papiers ou effets quelconques qui pourraient appartenir ou avoir appartenu à leur expédition. Décrète, en outre, que le Roi sera prié de faire armer un ou plusieurs bâtiments sur lesquels seront embarqués des savants, des naturalistes et des dessinateurs, et de donner aux commandants de l'expédition la double mission de rechercher M. DE LA PÉROUSE d'après les documents, instructions et ordres qui leur seront donnés, et de faire en même temps des recherches relatives aux sciences et au commerce, en prenant toutes les mesures pour rendre, indépendamment de la recherche de M. DE LA PÉROUSE ou même après l'avoir recouvré ou s'être procuré de ses nouvelles, cette expédition utile et avantageuse à la navigation, à la géographie, au commerce, aux arts et aux sciences. »

Le 22 avril de la même année, l'Assemblée nationale décrète :

« Que les relations et cartes envoyées par M. DE LA PÉROUSE, de la partie de son voyage jusqu'à Botany-Bay, seront imprimées et gravées aux frais de la Nation; que l'édition en sera adressée à madame de La Pérouse, avec une expédition du présent décret, en témoignage de satisfaction du dévoûment de M. DE LA PÉROUSE à la chose publique, à l'accroissement des connaissances humaines et des découvertes utiles; que M. DE LA PÉROUSE restera porté sur l'état de la marine jusqu'au retour des bâtiments envoyés à sa recherche, et que ses appointements continueront d'être payés à sa femme, suivant la disposition qu'il en avait faite avant son départ » (1).

Conformément au décret du 9 février, deux gabares ou bâtiments à trois mâts, du port de cinq cents tonneaux, *la Recherche* et *l'Espérance*, partirent de Brest, le 30 septembre, sous les ordres du contre-amiral *D'Entrecasteaux*. Fleurieu, alors ministre de la marine, avait préparé l'armement et donné les ordres.

(1) Les dispositions relatives à madame de La Pérouse furent étendues aux femmes des marins des deux frégates par un décret de la Convention, le 20 du premier mois de l'an II.

Quelques semaines à peine s'étaient écoulées lorsque le bruit se répandit que des traces de l'expédition de La Pérouse avaient été découvertes. D'Entrecasteaux en reçut communication, le 18 janvier 1792, au *cap de Bonne Espérance*. Des dépêches de M. *De Saint-Félix*, commandant de notre station navale dans la mer de l'Inde, lui faisaient part de la déposition de deux capitaines de bâtiments marchands français, qui, dans leur séjour à Batavia, avaient vu le capitaine *Hunter*, et les autres officiers du *Sirius*, naufragé en 1790, sur la côte de l'*île de Norfolk*. Hunter et ses officiers, passant de Botany-Bay à Batavia, avaient aperçu, près des *îles de l'Amirauté*, à l'ouest de la *Nouvelle-Irlande*, en plusieurs pirogues, des Indiens affublés d'étoffes européennes, de *morceaux de drap bleu et rouge* et de *ceinturons*. L'un des capitaines, par qui ces détails étaient transmis, affirmait que ces objets avaient été reconnus pour avoir appartenu à des soldats de la marine française. Il est difficile de voir, sur un fait aussi simple, plus de discordances que n'en montrent les pièces communiquées à D'Entrecasteaux. Le capitaine Hunter était encore au Cap lors de l'arrivée des gabares françaises; mais il était malheureusement parti deux heures après.

Ces rapports laissaient peu d'espoir; D'Entrecasteaux ne s'en crut pas moins obligé de les vérifier ; il changea son projet de recherches, et, le 16 février, en quittant le Cap, fit route directe vers les *îles de l'Amirauté*. Il n'y parvint que le 28 juillet. Tous ces efforts furent vains; aucun navire européen ne semblait s'être perdu dans ces parages. Il recommença donc sa recherche dans l'ordre prescrit par ses instructions.

De Botany-Bay, vous l'avez vu, La Pérouse comptait se rendre aux *îles des Amis*. D'Entrecasteaux interrogea seulement à ce sujet les habitants de Tongatabou , leurs dénégations lui parurent décisives : « *D'après les renseignements*

*les plus divers que nous avons pris des insulaires les plus
instruits, il est hors de doute,* écrit-il, *que M. De La Pérouse
n'a relâché dans aucune des îles voisines de Tongatabou* » (1).

Les recherches ultérieures de D'Entrecasteaux ne furent
pas plus heureuses. — *La Recherche* et *l'Espérance* per-
dirent successivement leurs trois premiers officiers. D'Entrecasteaux mourut (le 20 juillet 1793) au nord de la Nouvelle-Guinée ; *Huon de Kermadec,* à la Nouvelle-Calédonie ;
D'Auribeau, sur la route de Java. Les deux bâtiments
furent eux-mêmes saisis à Java, par les Hollandais ; lorsque
le naturaliste *La Billardière,* qui, le premier, publia la
récit du voyage, les quitta pour revenir en France, ils ne
comptaient plus que quatre-vingt-dix-neuf hommes, sur
deux cent quatre-vingt-dix !

Nous ne nous arrêterons pas à tous les bruits qui, depuis
le départ de D'Entrecasteaux, vinrent réveiller les émotions
d'espoir et de terreur que la déposition du capitaine Hunter
avait fait naître ; l'une des déclarations qui eut le plus de
retentissement, ce fut, en 1793, celle de l'Anglais George
Bowen, capitaine de *l'Albemarle,* devant les autorités de
Morlaix ; cet officier prétendait avoir vu, dans la nuit du
30 décembre 1791, sur la côte de Géorgie, à l'aide d'un
grand feu allumé à terre, des débris flottants de vaisseau,
des filets de main d'œuvre européenne. Les contradictions
que présentait sa déclaration ne permirent pas d'en faire la
base d'une tentative de recherche.

Je ne sache pas qu'aucune nouvelle tentative ait été mise
à exécution jusqu'à la fin de 1825, époque à laquelle
M. *Dumont d'Urville* proposa de joindre ce triste et glorieux
motif à tous ceux qui pouvaient engager à entreprendre une
nouvelle expédition analogue à celles que *l'Uranie* et *la
Coquille* venaient d'exécuter. Des indices présentés sous la

(1) *Voyage de D'Entrecasteaux,* rédigé par M. De Rossel. 1808, imprimerie
impériale, tome 1er, page 301.

forme la plus affirmative, par un baleinier américain, avaient de nouveau reporté la pensée vers les moyens de recherche et de secours. Une *croix de saint Louis* et quelques *médailles* avaient été vues entre les mains des habitants d'une île située entre la *Louisiade* et la *Nouvelle-Calédonie*; puis, peu à peu, comme pour toutes les déclarations antérieures, les contradictions ou les dénégations avaient fait révoquer en doute l'authenticité de ce rapport. « Les récits du capitaine américain sont si vagues, qu'il est impossible de donner aucun détail sur cette découverte à M. *D'Urville :* » tels sont les termes du Mémoire remis au capitaine, pour lui servir d'instructions. La corvette *la Coquille* n'en prit pas moins, en mémoire de La Pérouse, le nom d'*Astrolabe*, et partit de Toulon le 22 avril 1826.

Le séjour de M. D'Urville au Port-Jackson, ne lui fournit aucun renseignement; plus heureux à cet égard à Tonga-tabou, en mai 1827, il y apprit (par l'intermédiaire d'un matelot anglais, *Singleton*, échappé, en 1804, au désastre du navire *le Port-au-Prince*) que La Pérouse avait mouillé devant l'île d'Anamoka ou de *Namouka*. La *Tamaha* ou douairière *Fakakana*, seule représentante de la puissante famille *Fata-jataï*, confirma, dans une entrevue solennelle, cette importante indication. Les deux grands vaisseaux à canons et à pavillon blanc de *Louadje* (1), étaient venus entre ceux de Cook et ceux de *Sélénare* (du *général* D'Entrecasteaux). *Louadje* avait établi une sorte de marché à terre, et était resté dix jours. Un naturel avait été tué, dans cet intervalle, pour un acte de mauvaise foi, sans que la paix eût été troublée. Singleton citait en outre, en preuve, deux plats d'étain malheureusement enfouis avec leur possesseur. « Les naturels, ajoute M. D'Urville, affirmaient que

(1) On a pensé que ce nom pouvait être une altération du celui de *Langle*, chargé sans doute de commander à terre.

les navigateurs, en quittant l'*île de Namouka*, s'étaient dirigés à l'ouest » (1).

L'archipel le plus voisin de Tongatabou, à l'ouest, est celui des *îles Fidji*. M. D'Urville, malgré les pertes qu'il venait de faire à Tongatabou, où il avait subi tour-à-tour les périls ou les maux du *naufrage*, de la *guerre avec les naturels*, de la *révolte de son équipage*, — résolut de visiter les îles Fidji ; ses recherches lui procurèrent seulement une ancre provenant d'un navire américain, et lui permirent de recueillir quatre naufragés du navire espagnol *la Conception*.

Trois mois après le départ de M. D'Urville, le 15 août 1827, un vaisseau de la Compagnie des Indes, spécialement envoyé à la recherche des traces de La Pérouse, — cette fois sur les indications les moins suspectes, — mouillait dans la rade de *Tongatabou* (2). C'est une histoire à reprendre de plus haut ; cette histoire nous reporte à ces mêmes *îles Fidji*, dont nous venons de parler, et à quatorze années en arrière.

(1) Ainsi, à trente-cinq ans de distance, les renseignements les plus contradictoires étaient recueillis à *Tongatabou*. Quelques-unes des circonstances racontées à M. d'Urville pouvaient être contestées, mais le fait de l'exécution par La Pérouse du premier article de son plan de retour, était à l'abri du doute. Il ne restait plus qu'à déplorer l'impuissance presque absolue d'une recherche réduite, pour ainsi dire, à n'interroger, au sujet de notre grand Navigateur, que la mer *qui ne garde point de trace*.

(2) Le capitaine y reçut, comme M. D'Urville, communication du passage de *Lowadje* à l'île de Namouka, avec une variante assez remarquable cependant. Il comprit en effet que les deux navires à pavillon blanc et à canons n'avaient pas jeté l'ancre et étaient seulement restés vingt-quatre heures en croisière devant l'île.

DÉCOUVERTE DU LIEU DU NAUFRAGE

En 1813, le bois de sandal de ces îles, si précieux pour les Chinois, y attire, après maint autre brick, 'e bâtiment de commerce anglais *le Hunter*, capitaine *Robson*. Le chef d'une de ces îles emploie les Anglais dans une attaque contre une île ennemie. Grâce à leurs armes, la victoire n'est pas longtemps indécise, et les vaincus sont mangés par les vainqueurs. Malgré cet insigne service, le chargement de sandal est retardé sans cesse. A la fin, las d'attendre, Robson tente un coup de main pour s'affranchir de sa dépendance; il échoue, et bientôt quatre Européens et un Chinois restent seuls sur un rocher isolé, contre plusieurs milliers de Noirs, affamés de leur chair, altérés de leur sang. C'est dans la relation de *Peter Dillon* (1) qu'il faut lire le récit tant soit peu fabuleux de leur résistance, et de la délivrance de trois d'entre eux. Dillon, officier sur *le Hunter*, était du nombre; du nombre aussi était un Prussien de Stettin, nommé *Martin Bushart*, marié dans cette île. Le Prussien se réfugie, avec sa femme, native de la Nouvelle-Zélande, à bord du *Hunter*, ainsi qu'un lascar ou soldat indou, nommé *Joe*; et d'après leur désir, le bâtiment les dépose sur une île située à l'ouest des précédentes, nommée *Tucopia* ou *île Barwell*.

Treize ans après, le 13 mai 1826, le même Peter Dillon, alors capitaine et propriétaire du bâtiment de commerce *le Saint-Patrick*, allant de la Nouvelle-Zélande au Bengale,

---

(1) *Voyage à quelques îles de la mer du Sud, à la recherche de La Pérouse,* 2 vol. in-8, tome 1er.

se trouve en vue de *Tucopia*, et ne peut passer si près d'un
ancien compagnon d'infortune sans le voir; il s'approche
donc et, sur la première pirogue, il reconnaît *Martin Bushart*
et le lascar *Joe*. Ils avaient été onze ans sans apercevoir de
navire : puis, avaient vu successivement passer deux
baleiniers. Le lascar fait quelques échanges à bord ; il vend
entre autres choses une *garde d'épée* en argent, à cinq
chiffres, mais effacés et méconnaissables : Dillon croit
pourtant y reconnaître les initiales de La Pérouse. Les
questions naissent en foule, et Bushart raconte qu'à son
arrivée dans l'île, il avait vu entre les mains des Tucopiens,
des chevilles de fer, des chaînes de haubans, des haches,
dos couteaux, des éclats de porcelaine, le manche d'un
couvert d'argent. Sa première supposition avait été celle
de la perte de quelque navire sur l'île ; mais il avait su plus
tard que tous ces objets provenaient d'une île assez éloignée, nommée *Mannicolo*, près de laquelle deux grands
navires avaient fait naufrage au temps où les vieillards d'à
cette heure étaient de jeunes hommes ; il ajoute que les
débris de toute sorte abondent en cette autre île.

Le lascar va plus loin ; il est allé, dit-il, à Mannicolo, six
ans auparavant ; il y a vu deux hommes, en cheveux
blancs, qui ont appartenu aux bâtiments naufragés ; il a
entendu affirmer aux Mannicoliens que depuis ce désastre
pas un navire ne s'est arrêté à leur île ; et que les débris du
naufrage, le plomb, le fer, les canons, sont encore en place.
Par l'intermédiaire du Prussien et du lascar, Dillon obtient
des Tucopiens eux-mêmes, des détails sur l'origine de leurs
outils de fer, et sur les circonstances qui ont accompagné
ou suivi la perte des deux grands navires.

L'un de ces navires avait répondu par des décharges de
mousqueterie aux flèches des Noirs assemblés sur le rivage,
et pas un de ses hommes n'avait pu atteindre la terre.
L'autre avait montré aux assaillants des haches, des étoffes,

des dorures, et ses hommes, descendus paisiblement,
avaient pu construire un petit vaisseau des débris du grand.
Aussitôt que le petit bâtiment avait été prêt à mettre à la
voile, il était parti avec autant d'hommes qu'il en pouvait
porter, approvisionné de vivres par les insulaires. Le commandant avait promis aux hommes qu'il laissait dans l'île, de
venir promptement les chercher, et d'apporter en même
temps des présents pour les naturels. Mais on n'avait plus
jamais entendu parler de ce petit bâtiment ni de ceux qu
le montaient. Les hommes de l'équipage restés dans l'île,
s'étaient partagés entre les divers chefs, et avaient résidé
près d'eux jusqu'à leur mort. Les vieillards que le lascar
prétendait avoir vus à *Mannicolo*, lui avaient dit que la
plupart de leurs compagnons étaient morts, mais qu'ayant
été disséminés dans les diverses îles, ils ne pouvaient savoir
combien d'entre eux avaient survécu. Telles sont, avec
quelques noms de lieux (les noms de *Paiou*, de *Vanou*, etc.),
les circonstances dont le capitaine du *Saint-Patrick* fit part
à la Compagnie des Indes.

Je dois ajouter que, sur les renseignements des Tucopiens, il s'était d'abord décidé, bien qu'à court de vivres,
à se rendre sur le lieu même. *Bushart* avait consenti à l'accompagner, sous la condition expresse qu'il serait ramené à
Tucopia; un Tucopien s'était joint à Bushart. Deux jours
après, *le Saint-Patrick* avait eu connaissance des montagnes de *Mannicolo*; mais, pendant huit jours, les calmes
l'avaient empêché d'approcher; les vivres s'épuisaient; le
bâtiment faisait beaucoup d'eau; puis, s'il faut le redire,
d'après Dillon lui-même : « *Une personne intéressés dans la
cargaison, avait à plusieurs reprises, manifesté du mécon-
tentement, et adressé des représentations au capitaine, sur
ce qu'elle appelait des retards inutiles!* » Dillon avait donc
été contraint de s'éloigner.

Le 19 septembre, il adressa, de *Calcutta*, au gouverneur du Bengale, un long Mémoire sur sa découverte, demandant les moyens de l'achever. Martin Bushart était avec lui.

EXPÉDITION DU RESEARCH.

Un vaisseau de la Compagnie fut mis aux ordres de Dillon sous le nom de *the Research* (la Recherche). L'argent ne fut pas épargné ; mais le personnel de l'expédition paraît avoir été singulièrement négligé. C'est surtout quand on vient de suivre *la Boussole* et *l'Astrolabe*, c'est quand on vient d'être témoin d'un si libéral accord, d'un si cordial dévoûment, d'études si sevères, d'espérances si généreuses, qu'on ne peut voir sans dégoût les misérables débats de Dillon et de son médecin-naturaliste, et ces officiers dont l'actif capitaine trouve sans cesse la vigilance en défaut, et ces matelots qui, au-dessus même des roches consacrées par le malheur de La Pérouse, pillent le canot qui les porte et s'enivrent de rhum.

Les instructions données à Dillon portent la date du 22 décembre 1826. L'article 19 de ces instructions lui enjoint formellement de faire connaître à M. D'Urville la destination du *Research* et tous les indices précédemment recueillis. C'est dans la Relation de M. D'Urville qu'il faut voir comment Dillon exécuta cet article. Quant à la *garde d'épée*, après y avoir lu des initiales très-différentes les unes des autres, Dillon prit le parti de l'envoyer à Paris en janvier 1827. Il partit lui-même de *Calcutta* le 23 du même mois.

Près d'un an s'était écoulé depuis les premiers renseignements de Tucopia. Ce n'est pas assez de retards encore.

Après avoir tout mis en œuvre pour ôter au capitaine son autorité, le médecin du *Research* le traduit en justice à *Hobart-Town*, à la *Terre de Van-Diémen*. Dillon trouve là des juges anglais qui, plus soucieux de la lettre de la loi que de sa pressante mission, le condamnent à deux mois de prison et cinquante livres sterling d'amende. Il parvient cependant, après plusieurs jours de délai, à se remettre en route, moyennant le dépôt de cinq cents livres sterling. Le 3 juin, il est au *Port-Jackson;* le 1er juillet à la *Baie des Iles*, côte nord de la Nouvelle-Zélande, où M. D'Urville était passé deux mois auparavant; quelques jours après il trouve, à Tongatabou, des *traces* du passage de M. D'Urville. Je vous ai dit quels renseignements il y recueillit, à son tour, au sujet du passage de La Pérouse à *Namouka*.

Le 5 septembre, Dillon est enfin de retour à *Tucopia;* ses échanges lui procurent un assez grand nombre de débris : des morceaux de fer plat, transformés en outils de charpentier ; une lame d'épée ; un fragment de râpe, un battoir, des chevilles de fer, des vis, des clous, un rasoir, un morceau de porcelaine, un fragment de feuille de cuivre, la moitié d'un globe de cuivre, des grelots, deux sonnettes, enfin la *poignée d'épée*, dont la garde avait été envoyée en France.

Le 7, le *Research* est en vue des hautes montagnes de Mannicolo : un Tucopien et Bushart accompagnent Dillon. Dès le 8 les canots envoyés à terre achètent quatre hermi nettes fabriquées par les habitants avec le fer provenant, disent-ils, des grandes pirogues naufragées en face des villages de *Paiou* et de *Vanou;* chaque homme à terre possède un outil semblable. — Les riches présents des Anglais n'avaient d'abord rencontré que défiance et froideur; leurs brillantes étoffes n'avaient pas même été ramassées.

Les habitants, noirs, aux cheveux crépus, au front relevé et étroit, ne différaient pas de ceux de *l'île Santa Cruz;*

mêmes armes, mêmes ornements. Les cheveux des hommes, reportés du front au sommet de la tête, et réunis en masse, retombaient de là jusque sur les épaules; leur seul vêtement était un morceau d'étoffe suspendu entre les cuisses à une ceinture; il y faut joindre des colliers de coquilles blanches, des bracelets de coquilles et de bois portés au-dessus du coude, dix à vingt anneaux d'écaille suspendus à chaque oreille, une plume d'oiseau ou bien un petit tuyau de bois passé dans la cloison du nez; enfin les lèvres et les dents rougies par le bétel et la chaux. Les femmes avaient les cheveux coupés raz, et les mamelles quadruplé s par un cordon fortement serré au-dessus du mamelon. Leur unique vêtement était un court tablier qui pendait du ventre aux genoux.

Les excursions des canots à la recherche d'un mouillage apprirent que l'île, très-montueuse du côté du nord et de l'est n'est habitée et cultivée que sur une plage étroite; la pente des montagnes commence au bord de la mer, et à l'exception de la plage, elle est couverte jusqu'à la cime, de forêts épaisses. D'autres recherches apprirent dans la suite que ce nom de Mannicolo désignait deux îles, l'une de dix lieues de tour, l'autre de trois; indépendamment de deux ou trois îlots. Des récifs de corail forment à ce groupe une sorte de ceinture, interrompue seulement en deux points.

Le 10 septembre, les canots découvrent l'un de ces passages, et le *Research* va jeter l'ancre dans le petit havre d'*Ocili*, de la baie de l'est. Dans l'intervalle, Dillon avait à force de présents, décidé quelques Mannicoliens à le suivre à bord. Il avait interrogé un homme de soixante à soixante-cinq ans. Il avait cru pouvoir expliquer par un motif de terreur religieuse, et la défiance qu'il avait rencontrée d'abord et la férocité qui paraissait avoir accueilli les hommes du premier navire français. Ces noirs avaient vu dans les blancs des dieux sanguinaires qu'il faut détruire si

l'on ne veut en être dévoré, des puissances surnaturelles,
des *Atouas*. « C'étaient des Atouas de mer, disent-ils en
parlant de nos malheureux compatriotes ; leur nez s'avan-
çait de deux palmes ; leur bouche soufflait la mort. Leur
chef, derrière leur palissade, était sans cesse à regarder le
soleil et les étoiles et à leur faire des signes... » Selon le
vieillard interrogé, ennemi du village de Vanou, le premier
navire avait touché en face de Vanou et coulé sur-le-champ.
Des hommes qu'il portait, pas un n'avait échappé aux
flèches des habitants de Vanou ou à la dent des requins .« Ce
Mannicolien avoue, comme Dillon l'avait entendu dire à
Tucopia, que soixante têtes de *Mara* (nom sous lequel sont
désignés les blancs naufragés) sont conservées à Vanou dans
la maison commune ou maison des *Atouas*. » Le même
homme prétend que ce sont les têtes des hommes dévorés
par les requins. « Les requins ne mangent-ils pas les têtes ? »
— Point de réponse. Des deux *mara* survivants et restés
après le départ du petit bâtiment, l'un, disent-ils, est mort,
l'autre a émigré avec un village qui est parti sur des pirogues. Ils nient l'existence de canons, mais conviennent
qu'il y a vis-à-vis de *Dennemah* (au sud-ouest de l'île, à
l'ouest de Païou) un morceau de fer trop gros pour être
enlevé.

A *Ocili*, mêmes récits : qu'un jour de grand matin les habitants de *Vanou*, à l'est d'Ocili, sortant de leurs maisons
avaient trouvé sur le rivage des hommes blancs, et les prenant pour des *Atouas*, les avaient tués sur-le-champ ; que
déjà la plage était couverte de corps mutilés par les requins ;
que les b'ancs de l'autre vaisseau, échoué près de Païou, au
sud d'Ocili, avaient fait la paix avec le chef de Païou, en
lui offrant une grande hache.

Le 14, une pirogue apporte une grande masse de charpentier, une cuillère à ragoût en argent, sans manche. Dillon
acquiert, en outre, deux morceaux de courbe en fer, un

boulet ramé, des haches fabriquées par les naturels, un grand clou aiguisé en ciseau, des chevilles, des pitons. Le 15, trois canots sont envoyés vers le gros bloc de fer de *Dennemah.*

Le village de *Dennemah* est au pied d'une hauteur qui s'élève brusquement de la mer, et se compose de quinze maisons, toutes sur le rivage. Conduits à la *maison des Atouas,* les chefs de cette expédition (entre lesquels est à nommer un Français, M. *Chaigneau,* adjoint à Dillon, par la Compagnie anglaise) se voient apporter successivement la barre du gouvernail d'un grand navire, quatre courbes de vaisseau, brisées; deux gonds de gouvernail; la croisée d'une petite ancre avec partie de la verge et de l'un des bras; l'extrémité supérieure d'une autre ancre, un fragment de vis d'étau, un bout de pince en fer, un morceau de gril de fer, trois poulies, une casserole en cuivre, une poissonnière en cuivre, un vaisseau carré en cuivre à double poignée, deux morceaux de porcelaine, une saucière d'argent fleurdelisée, des clous, des pitons, tous objets arrachés par les plongeurs sur la côte. Un matin, leur dit-on, les habitants aperçurent une portion d'une grande pirogue sur le récif qui est en face de *Païou.* Elle y resta jusqu'à midi, que la mer acheva de la mettre en pièces : jetée là de nuit par un ouragan qui brisa, sur l'île, un grand nombre d'arbres. Quatre hommes s'en échappèrent ; les habitants allaient les tuer ; des présents les sauvèrent. Ils rejoignirent leurs compagnons à Païou. Là, ils construisirent un petit bâtiment et s'en allèrent. Aucun blanc ne périt par les flèches des naturels. Mais la mer jeta sur la plage des cadavres dont les bras et les jambes avaient été coupés par les requins. Dans la même nuit un autre vaisseau avait touché vis-à-vis de Vanou, et coulé à fond. Plusieurs hommes s'étaient sauvés. Ils partirent sur le petit bâtiment, cinq lunes après leur arrivée. Ils avaient planté autour de leur établissement une forte palissade de troncs d'arbres, redoutant les insulaires et eux-mêmes redoutés ; regardant sans cesse le ciel à travers de longs bâtons. « Deux blancs restèrent. L'un d'eux était un chef, l'autre un serviteur du chef. Le chef mourut, il y a trois ans. Une demi-année après, l'autre blanc quitta l'île avec un chef de tribu. Les seuls blancs que nous ayons mais vus sont premièrement ceux du vaisseau naufragé, is ceux que nous voyons aujourd'hui. »

Le 19 septembre, autre expédition de canots. Le même jour, acquisition de fragments de plats de porcelaine de Chine, à dessins de fleurs, d'oiseaux, de poissons. Le 20, des requins monstrueux, tachetés de noir et de blanc, rôdent autour du *Research*. Les expéditionnaires achètent à *Denremah*, à *Païou*, à *Vanou*, une énorme quantité de débris ; des tringles, des chevilles, des pitons ; une vieille râpe ; un chandelier ; une baguette de fusil ; des fragments de boulets, un coin, quatre crocs à palan, deux ferrures d'étambot, un dé de cuivre, un flacon de verre à facettes, des fragments de bouteilles ; une petite cloche en cuivre, de huit pouces de diamètre, avec trois fleurs de lis moulées ; une grande cloche de vaisseau, d'un pied de diamètre, portant, d'un côté, un crucifix entre deux figures, de l'autre, un soleil et ces mots : « Bazin m'a fait ; » un petit canon du calibre de deux pouces, trop oxidé pour qu'on en pût distinguer les chiffres ; un morceau de cercle en cuivre ; une machine à sonder ; un pot d'étain ; un morceau de plomb de sonde ; une poissonnière en cuivre fleurdelisée ; une cuillère à chaudière ; une casserole fleurdelisée ; un plateau de balance... De là, les Anglais se rendent à *Païou*, accompagnés de deux jeunes hommes de *Dennemah*, armés d'arcs et de flèches soi-disant empoisonnées, et à pointe d'os humain. — Les tribus qui habitent les îles de Mannicolo, peu nombreuses, sont toutes ennemies entre elles et se font la guerre sans quartier.

Le district de *Païou* offre un terrain plat et uni, qui
s'étend à deux tiers de lieue de l'est à l'ouest, le long de la
mer, sur une profondeur de moins d'une lieue. Cette plaine,
traversée par une rivière, est couverte de bois épais,
excepté dans un très-petit espace. C'est dans cet espace
défriché que les Français auraient élevé leurs palissades, et
construit leur petit bâtiment, le lançant ensuite sur la
rivière qui borde cet espace à l'est, et dans laquelle le reflux
de la mer est sensible. Les Anglais n'aperçoivent aucune
trace de fortification; le voisinage n'offre ni pierres ni
roches. Ils ne découvrent aucune inscription sur les arbres
ni ailleurs. Seulement, vers le haut de la rivière, des sou-
ches d'arbres paraissent avoir été tranchées à coups de
haches. Quatre ou cinq objets en cuivre, en fer, en verre,
sont acquis en cet endroit, après d'incroyables efforts de
dissimulation de la part d'un homme de cinquante ans.

Au village d'*Ammah* ou de *Nama*, comme à celui de
Païou, il n'y a plus, assure-t-on, de contemporain de l'événement. Sur la demande du lieu de sépulture du *Mara*
resté dans l'île et mort récemment, les habitants montrent
la mer. Acquisition d'une petite cloche, de fragment de
boulets... A la *maison des Atouas*, à *Vanou*, même réponses
évasives ou mensongères. Pas un des étrangers n'a péri
sous les flèches de *Dennemah* ni de *Vanou;* beaucoup se
sont sauvés. Un petit bâtiment a été paisiblement construit
sur le rivage de *Paiou*, lequel est parti laissant deux blancs;
ils n'étaient pas mariés; l'un d'eux résidait avec la tribu de
Paiou; l'autre, avec celle de *Paucori*. Le premier est mort,
il y a trois moussons (trois ans); l'autre est parti avec sa
tribu. Il n'y a point de têtes de blancs dans la *maison des
Atouas*.

Le 26, Dillon interroge un vieillard qui pouvait avoir
quatorze ans lors du naufrage : aucun blanc, dit-il, ne fut
tué à *Dennemah;* les blancs vinrent de *Paiou*, sur mer,

jusqu'au récif de *Dennemah;* ils soufflèrent le feu et Naourey,
le pêcheur, tomba hors de sa pirogue. Il y eut un grand
combat à *Vanou.* Cinq chefs du village furent tués et dix
têtes de blancs furent offertes aux Atouas.

Le 27, acquisition d'un pot d'étain, d'un cercle de cuivre,
de divers objets en fer. Une pirogue de Vanou apporte une
cheville récemment extraite de l'eau ; de là vient (un peu
tard) aux Anglais, l'idée de pêcher d'autres débris. « Par le
beau temps, écrit Dillon, les récifs qui entourent l'île du
côté de l'est, du sud, du sud-ouest et de l'ouest, sont décou-
verts depuis mi-jusant jusqu'à mi-flot, et lors des plus
hautes marées, ils ne sont pas couverts de plus de quatre
pieds d'eau dans la plupart des endroits. Dans quelques
autres, ils restent toujours à sec. Pendant les coups de vent
du large, les lames se brisent avec force contre ces masses
de corail, et, après s'être élevées à vingt pieds, retombent
dans l'espèce de canal qui sépare la chaîne des récifs de
la côte. Cette chaîne est à un mille et demi, deux milles de
terre ; elle n'est interrompue qu'à l'ouest. »

Le 30, Dillon va lui-même, avec quatre canots et vingt-
neuf hommes armés, faire la reconnaissance des récifs. Il
acquiert en chemin un petit tube de verre, dont un insulaire
s'était fait un ornement de nez. Dans la maison des Atouas,
à *Vanou,* de la tortue cuite lui est offerte : il y achète un
pied de chandelier d'argent armorié ; un vase de bois tourné,
et divers objets de fer et de cuivre. — Plus loin, à *Nama,*
il fait une découverte plus remarquable : celle d'un *morceau
de planche de sapin, long de quatre pieds, large de quatorze
pouces,* seule fermeture d'une case, contre les petits porcs
noirs de l'île. *Cette planche portait une fleur de lis et divers
autres ornements sculptés.* Les Anglais trouvent, dans le
même village, *une petite meule de pierre, de deux pieds de
diamètre* (1) ; ils la retournent avec si peu de précaution

(1) V. ci-dessus, p. 45.

qu'elle se brise. M. *Chaigneau* ouvre, dans une maison, une
sorte de sac, et y voit une tête d'homme. Les habitants
apportent à Dillon une large chaudière en cuivre, qu'il
achète comme tout le reste.

Le 1ᵉʳ octobre, les canots rapportent à bord trois petits
canons de bronze arrachés, par les naturels, de dessus les
récifs de *Dennemah*. Un quatrième avait été tiré, par les
Anglais, d'un trou de deux ou trois pieds de profondeur.
Trois de ces canons étaient du calibre d'un peu plus de
deux pouces, et, le quatrième, d'un pouce trois quarts, avec
des chiffres sur les tourillons. Les Anglais se procurent, en
outre, un boulet de dix-huit, un tuyau de plomb, un broc
d'étain, deux chaînes de cuivre, deux morceaux de boucles
de soulier, une piastre d'Espagne, presque entièrement
encroutée de corail; une brique, la tête d'un chandelier de
cuivre, un morceau de verre fin, plusieurs morceaux de
porcelaine et de poterie.

Le 4, vis-à-vis de *Paiou*, les canots ajoutent encore divers
objets à la collection anglaise, entre autres un fragment de
corps de pompe en cuivre, l'extrémité d'une barre de gouvernail, un couvre-lumière en plomb, un tube en cuivre,
trois pierres à fusil.

Le 8 octobre, Peter Dillon ou plutôt, comme il se fait
appeler des Mannicoliens et des autres peuplades océa-
niennes, *Pita* prend congé de ses hôtes, à leur grand cha-
grin (1). Pas la moindre querelle ne s'était élevée pendant
ses vingt-cinq jours de relâche. Les largesses habilement
ménagées du capitaine et sa longue expérience des mœurs
de la Mer du sud, lui avaient permis d'exploiter sans encom-
bre la riche mine que le séjour de Bushart à Tucopia, lui
avait fait découvrir. Quant aux lumières jetées par les indications des habitants sur la catastrophe qui leur valait de

---

(1) Les trois derniers jours, Dillon avait mouillé dans une baie intérieure près
de l'îlot de *Manevai*.

si lointaines visites, elles restaient, malgré tous les efforts de Dillon, entourées de plus d'un sombre nuage. Nous ne le suivrons pas à *Touboua* ni à *Santa-Cruz*. Le 7 avril 1828, il était à Calcutta, et, vers la fin de février 1829, à Paris. Le 2 mars, après avoir remis au Ministre de la marine, les débris qu'il avait recueillis, Dillon fut présenté au Roi ; la croix de la Légion d'honneur, dix mille francs d'indemnité et une pension de quatre mille livres, furent le prix de cette campagne.

Lesseps que La Pérouse et ses officiers avaient, à l'heure de la séparation, serré tristement dans leurs bras, *Lesseps* dont le cœur leur était, pendant quarante ans, resté fidèle, eut le courage d'aller visiter, avec Dillon au ministère de la marine, les débris rapportés. Les impressions contenues du vieillard (1), je n'essaierai point de les redire. La pièce de bois sculpté avait fait partie, selon lui, des ornements du tableau de poupe de *la Boussole*. Quant aux canons de bronze, il y en avait, dit-il, quatre semblables aux plus gros sur le gaillard d'arrière de chacune des frégates ; et les plus petits étaient pareils à ceux qu'on installait dans les canots lors des descentes. La vue de la petite meule de pierre le frappa surtout, lui rappelant les moulins établis sur le gaillard d'arrière.

Revenons à M. D'Urville. C'est seulement le 18 décembre 1827, qu'il eut connaissance, devant *Hobart-Town*, des nouvelles de Tucopia, et du départ du *Research*. « Combien, écrit-il en parlant de Dillon, combien je portais envie à son sort ! Combien je déplorais la fatalité qui, dans le cours de

---

(1) M. *De Lesseps*, né en 1765, avait vingt ans lors du départ de La Pérouse, et soixante-quatre ans en 1829.

ma campagne, ne m'avait pas permis d'avoir connaissance de ces nouvelles ! » Bien des doutes restaient toutefois, tant le capitaine du *Research* avait été décrié. La lecture, dans les feuilles publiques, du Mémoire adressé à la Compagnie des Indes, y mit fin. « De ce moment, dit M. D'Urville, mon parti fut pris. Je renonçai à mes projets ultérieurs sur la Nouvelle-Zélande, et me décidai à conduire immédiatement *l'Astrolabe* à Mannicolo : » obligé cependant, grâce aux réticences intéressées de Dillon, d'aller demander à l'*île Barwell* ou Tucopia, le chemin de l'île du naufrage. Il quitte en janvier 1828, la terre de Van Diémen ; le 10 février, il est devant Tucopia. A la vue de la corvette, trois pirogues s'avancent : en l'une d'elles on distingue un Européen à bonnet de laine, à chemise rouge, à pantalon blanc : c'est le Prussien *Martin Bushart*, qui bientôt montre le certificat que lui a laissé Dillon (1).

EXPLORATION DE M. D'URVILLE.

Bushart promit d'abord d'accompagner les Français, puis ensuite s'y refusa fortement à cause de l'insalubrité du climat. Le lascar Joe ne fut pas moins intraitable. M. D'Urville prit à bord deux Anglais, fixés à Tucopia depuis neuf mois, et emmena, sans le vouloir, cinq Tucopiens.

Le 12 février, trois dômes, aplatis et sans lien, ce semble, se dressent devant nos compatriotes, au-dessus de la mer,

(1) Par ce certificat et par tous les autres papiers semblables laissés entre les mains de plusieurs habitants de Tucopia et de Mannicolo, Dillon disait bien où il allait et par quelle route, mais non d'où il venait, par où il avait passé, ni ce qu'il avait vu.

à vingt lieues de distance : c'est là l'île mystérieuse si longtemps cherchée! Le 14, ils sont à moins de trois lieues de terre. Partout ils voient une côte élevée, couverte de forêts épaisses, en apparences inaccessibles. La chaleur est accablante, l'air étouffant et humide. C'est le 22 seulement que *l'Astrolabe* est enfin mouillée dans le havre d'Ocili. Le grand canot s'était assuré de la position des villages nommés dans le mémoire de Dillon. Les présents de M. D'Urville, bien ternes après ceux de la Compagnie des Indes, ne peuvent vaincre les défiances des insulaires, ni les faire renoncer à leur système de dénégations ou de mensonges. Ils ne savent pas de quoi on leur parle ; ils n'ont jamais vu de blancs ; puis ils se contredisent eux-mêmes, et vendent les certificats laissés entre leurs mains par le capitaine du *Research*. La première expédition de canots ne produit presque aucun renseignement et n'amène qu'à grand'peine l'acquisition de quelques morceaux de fer.

Comme *le Research*, *l'Astrolabe* va chercher un meilleur mouillage dans la baie intérieure, à côté du village de *Manevai*. Les habitants, ennemis de ses premiers hôtes, l'accueillent avec joie. Un de leurs vieillards prend le capitaine D'Urville par la main et le conduit à la maison des Atouas ; ils prétendent d'abord n'avoir vu ni blancs ni navires ; puis, enfin, un homme de soixante-dix ans au moins, confesse avoir vu deux blancs à *Paiou*, mais les dit morts sans enfants et depuis longtemps. Les blancs qui avaient abordé à *Vanou* avaient été tués à coups de flèches; ils avaient soufflé la mort et avaient péri. Leurs crânes étaient conservés à *Vanou;* les autres os étaient au bout des flèches. Le vieillard est emmené par les assistants pour qu'il n'en dise pas davantage. Les Français achètent quelques morceaux informes de fer ou de cuivre, et quelque clous.

Le 26 février, expédition vers *Paiou* et *Vanou*. M. Jacqu

not, second de M. D'Urville, est accompagné de *MM. Lottin,
Sainson, Dudemaine, Lesson. M. Gaimard* obtient de leur
être adjoint, avec un guide anglais. — A leur arrivée, les
femmes se sauvent avec les enfants ; les hommes s'approchent effrayés. Après des dénégations formelles, ils avouent
avoir gardé les crânes des *Mara*, mais prétendent les avoir
rendus depuis longtemps à la mer. Un seul d'entre eux semble plus disposé à la franchise ; ses aveux sont arrêtés par
des menaces.

Au village de *Nama*, à deux tiers de lieue plus loin, les
questions sont également vaines. Aucune offre ne peut
vaincre les défiances. A la fin cependant, à la vue d'un beau
morceau de drap rouge, un insulaire propose aux Français
de les conduire au lieu du naufrage. Je laisse parler
M. D'Urville : « La chaîne de récifs, écrit-il, qui forme une
immense ceinture autour de Vanikoro (1), à la distance de
deux ou trois milles au large, — près de Païou et devant un
lieu nommé *Ambi*, se rapproche beaucoup de la côte dont
elle n'est guère éloignée de plus d'un mille. Ce fut là, dans
une espèce de coupée au travers des brisants, que le Sauvage arrêta le canot et fit signe aux Français de regarder
au fond de l'eau ; et bientôt, à la profondeur de douze à
quinze pieds, ils distinguèrent, disséminés çà et là et empâtés
de coraux, des ancres, des canons, des boulets, surtout de
nombreuses plaques de plomb... La disposition des ancres
faisait présumer que quatre d'entre elles avaient coulé avec
le navire, tandis que les deux autres avaient pu être
mouillées. L'aspect des lieux permettait de penser que le
navire avait tenté de s'introduire au-dedans des récifs par
cette espèce de passe. »

(1) Les Français et les Anglais ne donnent pas le même nom à l'île du naufrage. Il n'y a qu'une voix parmi les compagnons de M. D'Urville contre l'adop-
tion de *Mannicolo :* il n'y a d'hésitation qu'entre *Vanicolo,* pour lequel M. Gaimard se prononce, et *Vanikoro,* que M. D'Urville adopte.

Quelques-uns des insulaires affirmaient que c'étaient là le navire dont les hommes s'étaient sauvés à *Païou* et avaient construit un petit bâtiment, tandis que l'autre, échoué en dehors du récif, avait été complètement englouti.

M. Gaimard, accompagné de l'un des Anglais, ne passe pas moins de six nuits à terre, près du village de *Nama*. Des vieillards de ce village, les uns lui disent que tous les blancs ont péri tout d'abord ; les autres, qu'ils sont morts après plusieurs années de séjour ; les autres, qu'ils construisirent une petite pirogue avec les débris de la grande et quittèrent l'île. Un seul point est constant à Nama : c'est la férocité des habitants de Vanou.

De son côté, M. D'Urville apprend d'un vieillard auquel il plaît par l'extrême dévotion qu'il témoigne à ses Atouas, qu'il n'a vu ni le navire ni les *Mara*, parce qu'il était trop jeune ; qu'il a entendu dire que les habitants de Vanou allèrent au vaisseau échoué pour le piller et furent repoussés par les blancs qui leur tuèrent vingt hommes et trois chefs, que les habitants de *Vanou* tuèrent, à coups de flèches, tous les blancs qui voulurent descendre sur leur territoire ; que deux blancs restèrent à *Païou* après le départ de leurs compagnons, mais ne vécurent pas plus de trois lunes ; que les Vanikoriens n'ont pas vu d'autres blancs jusqu'à *Pitu*.

Les canots, retournés au récif du naufrage, parvinrent, après de violents efforts, à extraire une ancre d'environ neuf cents kilogrammes, recouverte d'une croûte d'un à deux pouces de corail ; un canon court en fonte de 8, profondément oxydé ; un pierrier de bronze beaucoup mieux conservé, avec ses numéros d'ordre et de poids 548 et 144, très-lisibles ; une espingole en cuivre, également bien conservée, portant les chiffres 286 et 94 ; un saumon de plomb; une grande plaque de plomb ; des fragments de porcelaine. Nos compatriotes distinguèrent en outre, cinq autres ancres, deux pierriers, et d'autres canons à demi couverts de corail...

Des Français ne pouvaient quitter cette terre sans y laisser quelque marque pieuse de leur passage. Une sorte de petit pavillon à quatre faces, surmonté d'une pyramide en bois peint de six pieds de haut, fut élevé, à la hâte, dans le voisinage de la corvette au milieu d'une touffe de mangliers, sur le récif qui enceint en partie l'*îlot de Manevai* (1). Le 14 mars, l'inauguration en fut faite avec une triple salve de mousqueterie à laquelle répondit le canon de *l'Astrolabe*. Quarante ans auparavant le même bruit sinistre avait retenti dans ces montagnes! — La fièvre retenait M. D'Urville a bord; la moitié de son équipage était hors de service; les bras allaient manquer à la corvette; tout était deuil sur cette terre. Les voyageurs n'avaient pu mettre sur une plaque de plomb incrustée dans le chapiteau du mausolée, que ces simples mots :

A LA MÉMOIRE
DE LA PÉROUSE
ET DE SES COMPAGNONS,
L'Astrolabe.
14 mars 1828.

Les insulaires jurèrent de respecter cet Atoua des blancs comme le leur.

De nouveaux renseignements avaient été recueillis d'où il résultait, comme l'avait appris Dillon, qu'il ne s'était point perdu de navire devant *Vanou*; que l'une des frégates avait échoué devant *Païou* à l'endroit où se voient les ancres et les canons; que l'autre avait touché et avait été engloutie devant *Tanema* ou *Dennema*, en dehors des récifs, sans que rien en pût être sauvé.

---

(1) On eut soin de n'y employer ni clous ni ferrure. Des plateaux de corail, contenus entre quatre pieux, formèrent le massif du monument. L'atlas du voyage de *l'Astrolabe* en renferme une vue.

Voici comment M. D'Urville résume les indications éparses recueillies par lui-même.

A la suite d'une nuit très-obscure, durant laquelle le vent du sud-est soufflait avec violence, le matin, les insulaires virent tout à coup sur la côte méridionale, vis-à-vis le district de *Tanema*, une immense pirogue échouée sur les récifs. Elle fut promptement détruite par les vagues et disparut entièrement sans que l'on en pût rien sauver par la suite.

Des blancs qui la montaient, un petit nombre seulement put s'échapper dans un canot et gagner la terre.

Le jour suivant, dans la matinée aussi, les insulaires aperçurent une seconde pirogue semblable à la première, échouée devant Païou. Celle-ci, moins tourmentée par le vent et la mer, d'ailleurs assise sur un fond régulier de douze à quinze pieds, resta longtemps en place sans être détruite.

Les blancs qui la montaient se rendirent à Païou où ils s'établirent avec ceux de l'autre navire et travaillèrent sur-le-champ à construire un petit bâtiment des débris du navire qui n'avait pas coulé.

Les Français, nommés *Mara* par les naturels (1), avaient abordés avec respect. Une rixe eut lieu cependant dans laquelle deux d'entre eux furent tués. Après cinq ou six lunes, le petit bâtiment quitta l'île. Deux *Mara* y restèrent, mais peu de temps.

Le navire qui marchait en avant, avait donné sur les brisants sans pouvoir se relever ; l'autre avait sans doute eu le temps de reprendre le large ; puis ceux qui étaient ainsi échappés au péril, — pour ne pas laisser leurs compagnons de voyage, leur chef peut-être, à la merci d'un peuple barbare, — avaient tout tenté pour parvenir de l'autre côté des

(1) Ne serait-ce pas une altération du nom de *Clonard*, commandant de *l'Astrolabe*.

récifs. M. Dumont D'Urville ne doute pas que ce généreux mouvement n'ait été la cause de la seconde frégate, celle qui échoua devant le village de Païou. « *L'aspect même des lieux, écrit-il, vient à l'appui de cette opinion ; car, au premier abord, on croirait y trouver une passe entre les récifs.* »

Quant à la route suivie par le petit bâtiment, il semble que ce dut être celle des *îles Salomon*, de la *Nouvelle-Irlande*, et des *îles de l'Amirauté*, afin d'atteindre les Moluques ou les Philippines. M. d'Urville pense que c'est sur la côte des *îles Salomon* que l'on en pourra retrouver quelque trace. Il rappelle les indices trouvés, en 1811, sur la côte de la *Nouvelle-Georgie*, par le navire *l'Union :* un mât planté droit, avec son gréement, au milieu d'une passe. Ces conjectures prêtent un intérêt tout nouveau aux débris flottants que *Georges Bowen* déclarait avoir aperçus, en décembre 1791, sur la même côte.

L'intention de M. D'Urville était de reconnaître les îles *Santa-Cruz* ou *Nitendi, Tinacoro, Pileni, Tomaco,* puis la *baie des Indiens,* entre le *cap Déception* et le *cap Satisfaction,* espace dans lequel peut-être nos compatriotes furent se perdre une seconde fois. Mais l'état de son équipage le contraignit à borner son exploration à *Nitendi* et à *Tomaco.* Le 17 mars, jour où la nouvelle *Astrolabe* disait adieu aux lieux où se perdit l'ancienne, quarante personnes, sur la corvette, étaient hors de service (1). Dès le 26, il ne restait plus que deux officiers disponibles. M. D'Urville se vit forcé de faire route vers les *îles Mariannes.*

<hr />

Moins de trois mois après son départ, les Vanikoriens avaient la visite d'une autre corvette française qui, du 3 juin

(1) M. D'Urville, écrivait ce jour-là même : « Demain peut-être, il ne sera plus temps de songer au départ. »

ᴀⁿ 13, restait devant l'île sans mouiller nul'e part : c'était
la *Bayonnaise*, commandée par M. *Legoarant Tromelin*. A la
première nouvelle de la découverte de Dillon, M. Legoarant,
en station sur la côte occidentale d'Amérique, avait reçu
l'ordre de faire voile vers l'*île de Tucopia*. Parti de *Valpa-
raiso*, le 8 février 1828, il avait visité successivement les
îles Sandwich, les îles *Fanning*, *Sidney*, *Phénix*, l'hospita-
lière *Rotouma*, et enfin la patrie adoptive de Martin Bushart
et du lascar Joe. Bushart avait refusé d'aller à l'île du naufrage, mais le lascar, resté veuf, y avait consenti. M. Legoarant trouva les insulaires fidèles à la promesse qu'ils avaient
faite, de respecter l'humble mausolée. A peine lui permirent-
ils d'y attacher une petite inscription en souvenir de son
passage.

Je ne crains pas que l'on accuse de longueur un récit
d'un si puissant intérêt. Il est temps cependant de laisser
le lecteur aux impressions profondes qu'il a dû ressentir.
Qu'il me soit permis d'ajouter quelques lignes.

Le 19 mai 1793, peu de temps après avoir reconnu l'île de
Santa-Cruz, *D'Entrecasteaux* distingua dans l'est une autre
île : « *Cette île*, écrit M. de Rossel, *n'avait pas été aperçue
par Carteret. Nous l'appelâmes* ILE DE LA RECHERCHE ;
*nous la vîmes dans un si grand éloignement que nous ne
pûmes la placer sur nos cartes avec précision* » (1). Cette île
était Vanikoro !

Deux ans avant D'Entrecasteaux, et trois ans à peine
après le désastre de *Tanema* et de *Païou*, le capitaine
Edwards de la *Pandora*, passait, — le 13 août 1791, — entre

(1) *Voyage de D'Entrecasteaux*, 1808. Tome 1ᵉʳ, page 367.
　M. D'Urville, sur sa carte de Vanikoro, a conservé à la plus grande île le nom
d'*île de la Recherche*. Il y compte cinq villages : *Mambili*, *Vanou*, *Amma* ou
Nama, *Païou*, *Dennema* ou *Tanema*. La petite île en a deux : *Tevai* et *Vanikoro*. Un huitième village, *Manevai*, est sur l'îlot de ce nom. M. D'Urville
porte la population totale à quinze cents âmes.

cette même île et l'*île Edgecumb*, et lui imposait, de loin, une dénomination anglaise, sans se douter qu'un nom français était dû à cette terre, et que des Français, attendus de l'Europe entière, étaient là peut-être ou près de là, qui partageraient, aux applaudissements du monde, leur gloire avec leur libérateur.

Enfin trois ans avant Dillon, en 1823, du 1ᵉʳ au 2 août, la corvette *l'Astrolabe*, appelée alors *la Coquille*, et commandée par M. *Duperrey* (1), passait, la nuit, à quatre ou cinq lieues des récifs qui gardaient, en partie du moins, le mot de la funèbre énigme; Dillon lui-même, en 1813, n'avait-il pas touché, pour ainsi dire, les débris du grand désastre, sans les voir !

(1) M. Duperrey avait M. *Dumont D'Urville* pour second.

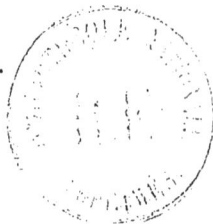

FIN.

TABLE

—

FIN DE LA TABLE.

Limoges. — Imp. E. ARDANT et Cᵉ.

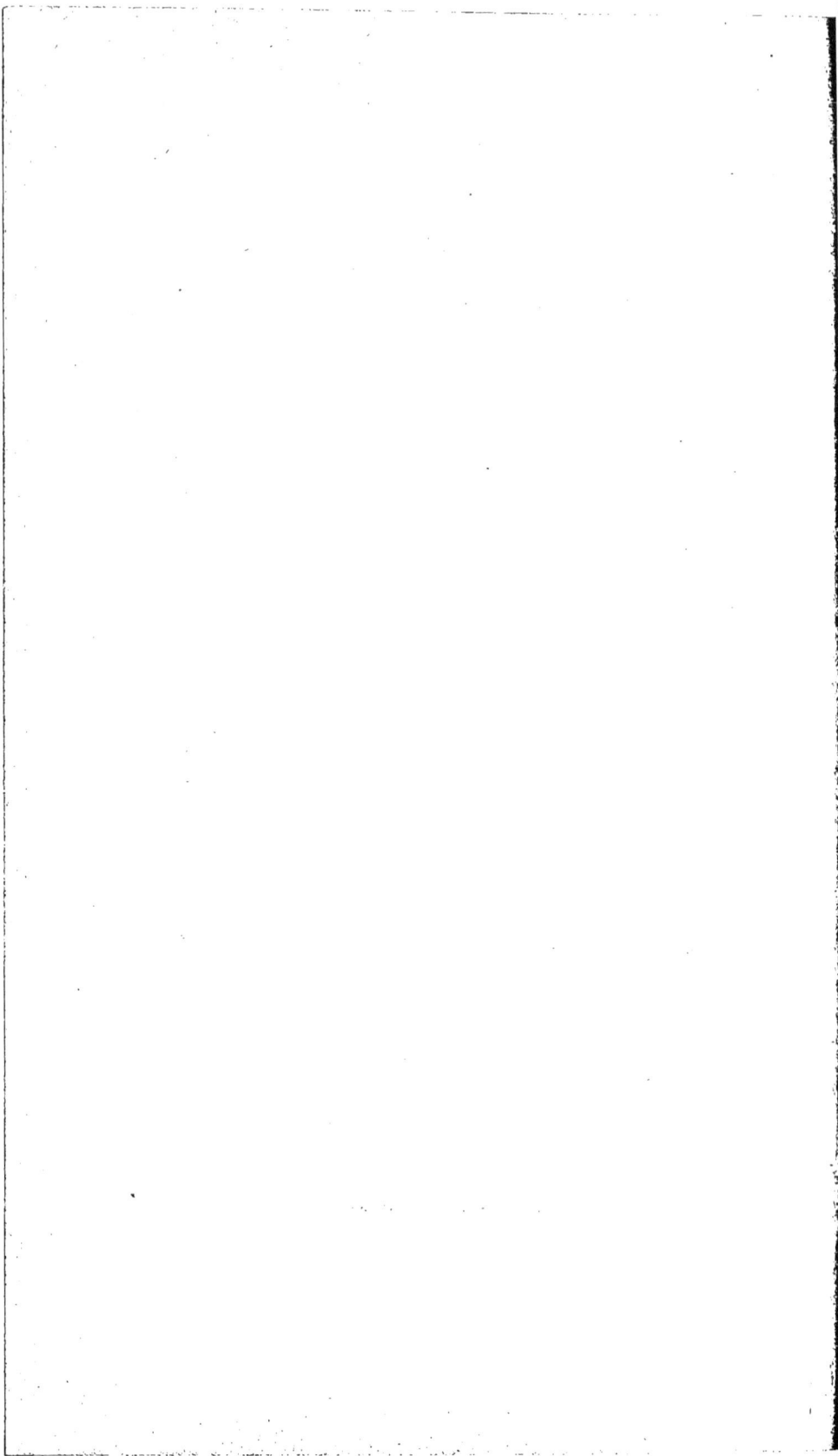